CW00460712

Das Supereinfache Ketogene Diät-Kochbuch

Anfänger Anleitung zum Leben der ketogenen Lebensweise mit leckeren und schmackhaften Mahlzeiten.

Verlieren Sie Gewicht und heilen Sie Ihren Körper mit erschwinglichen Gerichten.

Susy Martini

Inhaltsverzeichnis

Inhaltsübersicht 2

EINFÜHRUNG 9

Gebackenes Hähnchen mit Parmesan 13

Knuspriges Hähnchen Milanese 15

Ei-Butter 17

Geschreddertes Hähnchen in einem Salat-Wrap .. 18

Cidre-Huhn 20

Hähnchen im Speckmantel mit Biss 22

Käsiges Huhn im Speckmantel 23

Bohnen und Würstchen 24

Paprika geriebenes Huhn 26

Teriyaki-Huhn 27

Chili-Limetten-Hähnchen mit Krautsalat 28

FLEISCH 30

Spicy Habanero und Rinderhackfleisch
Abendessen 30

Fleischbällchen mit gerösteten Paprika und
Manchego 32

Die besten Sloppy Joes aller Zeiten 34

Gegrilltes Rib Eye Steak 36

Rinderbratwurst mit Mayo-Sauce 38

Fingerleckend gutes Rinderbrustfilet 40

Winterlicher Guinness-Rindfleisch-Eintopf 42

Griechischer Hackbraten im Prosciutto-Wickel.... 44

Kalter Rindfleischsalat nach griechischer Art 46

Im Ofen gebratenes Rib-Eye-Steak 48

Gefüllte Tomaten mit Cotija-Käse............................ 50

GEMÜSE... 52

Butternusskürbis und Blumenkohl-Eintopf........... 52

Gewürzte Portobello-Pilze...................................... 54

Griechisch gestylter Veggie-Reis 56

Knoblauch 'n Sauerrahm-Zucchini-Auflauf 58

Paprika 'n Cajun gewürzte Zwiebelringe................ 59

Cremiger Grünkohl und Champignons 61

Gebratene Butterpilze 62

Gebratener Bok Choy unter Rühren....................... 63

Blumenkohlkrapfen 64

Rührei mit Champignons und Spinat 66

Endivien-Mix mit Zitronendressing 67

SUPPEN UND EINTÖPFE...................................... 68

Mit Kräutern gewürzter Rindereintopf................... 68

Sesam und Chorizo Blumenkohl-Reis 70

Cheddar Zucchini & Rindfleisch Becher.................. 72

Gegrillte Rinderkurzbrust 73

Kräuter-Rindfleisch-Gemüse-Eintopf...................... 74

—

Wurst mit Zucchini-Nudeln 76

Ultimative Zucchini-Lasagne 78

Estragon-Rinderhackbraten 80

Wurst mit Tomaten und Käse 82

Süß-saure Schweinekoteletts 84

Toskanisches Schweinefilet mit Cauli-Reis 86

Stämmige Hamburger Suppe 88

Frühstückspfanne mit Chorizo, Ei und Avocado ... 90

Dijon-Schweineleberbraten 92

SNACKS 93

Eierkugeln 93

Radieschen-Haschisch 94

Chia-Schalen 95

Speck-Mix 96

Basilikum-Scotch-Eier 97

Hanf-Häppchen 98

Flaumige Eier 99

Kaffee-Brei 100

Chia Haferflocken 101

Zimt-Brei 102

Garam Masala Auflauf 103

Macadamia-Schalen 104

Parmesan-Ringe 105

Süßer Brei..106

Ei-Haschee 107

DESSERTS 108

Schokoladen-Erdnussbutter-Eiscreme-Riegel.....108

Zimt-Zimtschnecken-Plätzchen 110

Schokoladengenuss aus Sahne & Erdbeeren........111

Awesome Beerenkuchen 113

Brombeeren Chia-Samen-Pudding........................115

Cremiger Mandelbutter-Smoothie 116

Porridge mit Chia & Walnüssen 118

Pikante Kardamom-Safran-Riegel........................120

Mamas Pekannuss-Kekse 122

Mokka-Eisbomben..123

Zartbitterschokolade-Mandel-Rinde 124

DER 30-TAGE-DIÄT-MAHLZEITENPLAN 126

SCHLUSSFOLGERUNG 129

—

Die Informationen auf den folgenden Seiten werden im Großen und Ganzen als wahrheitsgemäße und genaue Darstellung von Tatsachen betrachtet, und als solche liegen alle daraus resultierenden Handlungen ausschließlich in der Verantwortung des Lesers, wenn er die Informationen nicht beachtet, verwendet oder missbraucht. Es gibt keine Szenarien, in denen der Herausgeber oder der ursprüngliche Autor dieses Werkes in irgendeiner Weise für Härten oder Schäden haftbar gemacht werden kann, die ihnen nach der Aufnahme der hier beschriebenen Informationen entstehen könnten.

Darüber hinaus dienen die Angaben auf den folgenden Seiten ausschließlich Informationszwecken und sind daher als allgemeingültig zu betrachten. Sie werden ihrer Natur entsprechend ohne Gewähr für ihre dauerhafte Gültigkeit oder Zwischenqualität präsentiert. Die Erwähnung von Warenzeichen erfolgt ohne schriftliche Zustimmung und kann in keiner Weise als Zustimmung des Warenzeicheninhabers gewertet werden.

EINLEITUNG

Wie funktioniert die ketogene Diät?

Die Diät funktioniert, indem die primäre Energiequelle des Körpers von Kohlenhydraten auf Fett umgestellt wird. Wenn ausreichende Mengen an Ketonen im Blut vorhanden sind, steigt die Fettsäureoxidation in der Leber drastisch an. Die Verwendung von Ketonkörpern als Energie hat viele Vorteile gegenüber Glukose (Zucker), einschließlich Gewichtsverlust.

Erst in den 1920er Jahren wurden Kohlenhydrate für Gewichts- oder Gesundheitsprobleme verantwortlich gemacht. In den 1920er und 1930er Jahren bemerkten Ärzte, dass Typ-1-Diabetiker, die kein Insulin produzieren konnten, weniger epileptische Anfälle bekamen, wenn sie die Kohlenhydrate reduzierten. Ärzte begannen, Patienten mit Epilepsie und Anfällen kohlenhydratarme Diäten zu verschreiben.

Die ketogene Diät wird schon seit fast einem Jahrhundert zur Behandlung von Epilepsie eingesetzt. In den 1920er Jahren kamen Simons und Leninger auf die Idee, Epilepsie zu behandeln, indem sie beim Patienten einen kontrollierten Hungerzustand (Ketose) herbeiführten. Die Ärzte dachten, dass es einen Zusammenhang zwischen niedrigem Blutzucker (Hypoglykämie) und Krampfanfällen gab. Was sie nicht wussten: Es waren die Ketone, nicht der niedrige Blutzucker, die ihre Patienten besser machten.

Wie folgt man einer ketogenen Diät?

Die ketogene Diät ist extrem restriktiv. Sie beinhaltet den Verzehr von vielen gesunden Fetten und sehr wenigen Kohlenhydraten. Es ist sehr wichtig, die Makronährstoffzufuhr zu verstehen, wenn Sie eine ketogene Diät durchführen. Makronährstoffe sind Mikronährstoffe, die Ihr Körper in großen Mengen benötigt. Zum Beispiel brauchen Sie viel Protein und Fett. Außerdem brauchen Sie Vitamine und Mineralstoffe. Kohlenhydrate hingegen müssen Sie nur in kleinen Mengen zu sich nehmen. Ihr Körper kann Fett in eine Energiequelle umwandeln, wenn nicht genügend Glukose vorhanden ist. Wenn der Körper Fett in Energie umwandelt, bildet er Ketone, die zu einer Anhäufung von Ketonen im Blutstrom führen. Der Zustand der Ketose wurde in den 1920er Jahren entdeckt und war ein großer Durchbruch.

Ist es gefährlich?

Die ketogene Diät ist NICHT gefährlich. Sie wurde von Ärzten entwickelt und wird durch begutachtete wissenschaftliche Studien unterstützt. Sie ist eine hochwirksame Behandlung für verschiedene Erkrankungen und sollte von jedem genutzt werden, der eine kohlenhydratreiche Diät einhält. Sie funktioniert, indem die primäre Energiequelle des Körpers von Kohlenhydraten auf Fett umgestellt wird, und es ist nicht erforderlich, alle Kohlenhydrate aus Ihrer Ernährung zu streichen.

Warum wird die ketogene Diät eingesetzt?

Die ketogene Diät funktioniert durch eine drastische Reduzierung der Kohlenhydrate in der Ernährung. Wenn dies geschieht, wandelt die Leber Fett in Ketonkörper um, die von jeder Zelle in Ihrem Körper zur Energiegewinnung genutzt werden. Der Körper nutzt dann diese Ketone, die oft als "Ketone" und "Ketonkörper" bezeichnet werden, durch einen Prozess, der "Beta-Oxidation" genannt wird, um Energie (ATP) zu erzeugen, die nicht auf Insulin angewiesen ist.

Ist die ketogene Diät für jeden geeignet?

Ja, die ketogene Diät ist sehr effektiv und gut für die meisten Menschen, aber es gibt ein paar Dinge zu beachten.

Es gibt Menschen, die genetisch dazu veranlagt sind, Fett als Energiequelle nicht verwerten zu können. Sie können an einem Zustand leiden, der "Fettphobie" genannt wird. Diese Personen sollten nicht der ketogenen Diät oder ähnlichen kohlenhydratarmen Diäten folgen.

Es gibt Personen, die aufgrund eines zugrunde liegenden Gesundheitszustands keine ketogene Diät einhalten sollten. Sprechen Sie mit Ihrem Arzt, bevor Sie eine neue Diät beginnen.

Wenn Sie sich Sorgen über Kohlenhydrat-Intoleranz und die ketogene Diät machen, müssen Sie das nicht. Die überwiegende Mehrheit der Menschen kann die ketogene Diät in den ersten Wochen gut durchhalten, da sie lernen, sich an ihre neuen Essgewohnheiten zu gewöhnen und wie viel Energie sie aus Fetten im Vergleich zu Kohlenhydraten benötigen. Wenn Sie jedoch nach den ersten Wochen immer noch unangenehme Symptome verspüren, ist es an der Zeit, einen Blick auf Ihre Kohlenhydratzufuhr zu werfen. Es ist wahrscheinlich, dass Sie Ihre Kohlenhydratzufuhr nach unten anpassen sollten.

Es gibt auch Menschen, die Schwierigkeiten haben, sich an sehr restriktive Diäten wie die ketogene Diät zu halten. Wenn Sie nicht viel Selbstkontrolle haben, ist das vielleicht nicht das Richtige für Sie. Es besteht immer die Möglichkeit, dass Sie des Hungerns müde werden und aufgeben. Diese Diät erfordert ein Höchstmaß an Selbstbeherrschung und Durchhaltevermögen. Sie müssen sehr engagiert sein, um die Diät während der 3-12 Wochen durchzuhalten, die Ihr Körper braucht, um sich anzupassen.

Gebackenes Huhn mit Parmesan

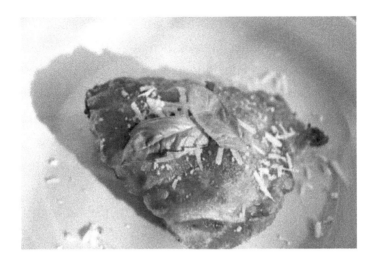

Zubereitungszeit: 5 Minuten

Kochzeit: 20 Minuten

Portionen: 2

ZUTATEN:

- 2 Esslöffel Ghee
- 2 Hähnchenbrüste ohne Knochen und ohne Haut
- Rosa Himalayasalz
- Frisch gemahlener schwarzer Pfeffer
- ½ Tasse Mayonnaise
- ¼ Tasse geriebener Parmesankäse
- 1 Esslöffel getrocknetes italienisches Gewürz
- ¼ Tasse zerkleinerte Schweineschwarten

RICHTLINIE:

1. Heizen Sie den Ofen auf 425°F vor. Wählen Sie eine Auflaufform, die groß genug ist, um beide Hähnchenbrüste aufzunehmen, und bestreichen Sie sie mit dem Ghee.

---

2. Tupfen Sie die Hähnchenbrüste mit einem Papiertuch trocken, würzen Sie sie mit Pink Himalayan Salz und Pfeffer und legen Sie sie in die vorbereitete Auflaufform.

3. Mischen Sie in einer kleinen Schüssel die Mayonnaise, den Parmesankäse und die italienischen Gewürze.

4. Bestreichen Sie die Hähnchenbrüste gleichmäßig mit der Mayonnaise-Mischung und streuen Sie die zerkleinerten Schweineschwarten über die Mayonnaise-Mischung.

5. Backen, bis der Belag gebräunt ist, etwa 20 Minuten, und servieren.

ERNÄHRUNG: Kalorien: 850 Fett: 67g Kohlenhydrate: 2g Ballaststoffe: 0g Eiweiß: 60g

Knuspriges Hähnchen Milanese

Zubereitungszeit: 10 Minuten

Kochzeit: 10 Minuten

Portionen: 2

ZUTATEN:

- 2 Hähnchenbrüste ohne Knochen und ohne Haut
- ½ Tasse Kokosnussmehl
- 1 Teelöffel gemahlener Cayennepfeffer
- Rosa Himalayasalz
- Frisch gemahlener schwarzer Pfeffer
- 1 Ei, leicht verquirlt
- ½ Tasse zerdrückte Schweineschwarten
- 2 Esslöffel Olivenöl

RICHTLINIE:

1. Klopfen Sie die Hähnchenbrüste mit einem schweren Hammer, bis sie etwa ½ Zoll dick sind. (Wenn Sie keinen Küchenhammer haben, können Sie den dicken Rand eines schweren Tellers verwenden).

2. Bereiten Sie zwei separate Vorbereitungsteller und eine kleine, flache Schüssel vor:

3. Geben Sie auf Teller 1 das Kokosmehl, den Cayennepfeffer, das rosa Himalaya-Salz und den Pfeffer. Mischen Sie alles zusammen.

4. Schlagen Sie das Ei in die kleine Schüssel und schlagen Sie es mit einer Gabel oder einem Schneebesen leicht auf.

5. Legen Sie die zerkleinerten Schweineschwarten auf Teller 2.

6. Erhitzen Sie das Olivenöl in einer großen Pfanne bei mittlerer bis hoher Hitze.

7. Bestreuen Sie 1 Hähnchenbrust auf beiden Seiten mit der Kokosmehlmischung. Tauchen Sie das Hähnchen in das Ei und bestreichen Sie beide Seiten. Bestreuen Sie das Hähnchen mit der Schweineschwartenmischung und drücken Sie die Schweineschwarten in das Hähnchen, damit sie haften bleiben. Legen Sie das beschichtete Hähnchen in die heiße Pfanne und wiederholen Sie den Vorgang mit der anderen Hähnchenbrust.

8. Braten Sie das Hähnchen 3 bis 5 Minuten auf jeder Seite, bis es braun, knusprig und durchgebraten ist, und servieren Sie es.

ERNÄHRUNG: Kalorien: 604 Fett: 29g Kohlenhydrate: 17g Ballaststoffe: 5g Eiweiß: 65g

Ei-Butter

Zubereitungszeit: 5 Minuten

Kochzeit: 0 Minuten

Portionen: 2

ZUTATEN:

- 2 große Eier, hartgekocht
- 3 Unzen ungesalzene Butter
- ½ Teelöffel getrockneter Oregano
- ½ Teelöffel getrocknetes Basilikum
- 2 Blätter Eisbergsalat
- ½ Teelöffel Meersalz
- ¼ Teelöffel gemahlener schwarzer Pfeffer

RICHTLINIE:

1. Schälen Sie die Eier, hacken Sie sie dann fein und geben Sie sie in eine mittelgroße Schüssel.
2. Die restlichen Zutaten hinzufügen und gut umrühren.
3. Servieren Sie die Eierbutter in ein Salatblatt gewickelt.

ERNÄHRUNG: Kalorien: 159 Fett: 16,5g Ballaststoffe: 0g Eiweiß: 3g

Geschreddertes Hähnchen in einem Salat-Wrap

Zubereitungszeit: 5 Minuten

Kochzeit: 15 Minuten

Portionen: 2

ZUTATEN:

- 2 Blätter Eisbergsalat
- 2 große Hähnchenschenkel
- 2 Esslöffel geschredderter Cheddar-Käse
- 3 Tassen heißes Wasser
- 4 Esslöffel Tomatensauce

- 1 Esslöffel Sojasauce
- 1 Esslöffel rotes Chilipulver
- ¾ Teelöffel Salz
- ½ Teelöffel gemahlener schwarzer Pfeffer

RICHTLINIE:

1. Schalten Sie Ihren Multicooker ein, legen Sie die Hähnchenschenkel hinein und fügen Sie die restlichen Zutaten außer dem Salat hinzu.

2. Rühren Sie, bis alles gut vermischt ist, schließen Sie den Multikocher mit einem Deckel und kochen Sie 15 Minuten bei hohem Druck und lassen Sie den Druck nach dem Kochen natürlich ab.

3. Dann den Multicooker öffnen, das Hähnchen auf ein Schneidebrett legen und mit zwei Gabeln zerkleinern.

4. Verteilen Sie das Hähnchen gleichmäßig zwischen zwei Salatblättern und beträufeln Sie es mit einem Teil der Kochflüssigkeit, wobei Sie die restliche Kochflüssigkeit für die spätere Verwendung als Hühnerbrühe aufheben.

5. Servieren.

ERNÄHRUNG: Kalorien: 143,5 Fett: 1,4g Eiweiß: 21,7g Kohlenhydrate: 3,4g Ballaststoffe: 0,7g

Cidre-Huhn

Zubereitungszeit: 10 Minuten

Kochzeit: 18 Minuten

Portionen: 2

ZUTATEN:

- 2 Hähnchenschenkel
- ¼ Tasse Apfelessig
- 1 Teelöffel flüssiges Stevia
- ½ Esslöffel Kokosnussöl
- 1/3 Teelöffel Salz
- ¼ Teelöffel gemahlener schwarzer Pfeffer

RICHTLINIE:

1. Schalten Sie den Ofen ein, stellen Sie ihn auf 450°F und lassen Sie ihn vorheizen.

2. In der Zwischenzeit das Hähnchen in eine Schüssel geben, mit Öl beträufeln und dann mit Salz und schwarzem Pfeffer würzen

3. Nehmen Sie ein Backblech, legen Sie die vorbereiteten Hähnchenschenkel darauf und backen Sie sie für 10 bis 15 Minuten oder bis die Innentemperatur 165°F erreicht.

4. In der Zwischenzeit nehmen Sie einen kleinen Topf, stellen ihn auf mittlere Hitze, gießen den Essig hinein, rühren Stevia ein und bringen die Mischung zum Kochen.

5. Dann die Hitze auf niedrige Stufe schalten und die Sauce 3 bis 5 Minuten köcheln lassen, bis sie auf die Hälfte reduziert ist, und bis zum Bedarf beiseite stellen.

6. Wenn das Hähnchen gebraten ist, bepinseln Sie es großzügig mit der vorbereiteten Cidre-Sauce, schalten Sie dann den Broiler ein und backen Sie das Hähnchen 3 Minuten lang, bis es goldbraun ist.

7. Servieren.

ERNÄHRUNG: Kalorien: 182,5 Fett: 9,1g Eiweiß: 19,5g Kohlenhydrate: 2,5g Ballaststoffe: 0g

Hähnchen im Speckmantel

Zubereitungszeit: 10 Minuten

Kochzeit: 20 Minuten

Portionen: 2

ZUTATEN:

- 1 Hähnchenschenkel, entbeint, in kleine Stücke geschnitten
- 4 Scheiben Speck, in Drittel geschnitten
- 2 Esslöffel Knoblauchpulver
- ¼ Teelöffel Salz
- ½ Teelöffel gemahlener schwarzer Pfeffer

RICHTLINIE:

1. Schalten Sie den Ofen ein, stellen Sie ihn auf 400°F und lassen Sie ihn vorheizen.
2. Schneiden Sie das Hähnchen in kleine Stücke, geben Sie es in eine Schüssel, fügen Sie Salz, Knoblauchpulver und schwarzen Pfeffer hinzu und schwenken Sie es, bis es gut überzogen ist.
3. Jedes Hähnchenstück mit einem Speckstreifen umwickeln, in eine Auflaufform legen und 15 bis 20 Minuten knusprig backen, dabei alle 5 Minuten vorsichtig wenden.
4. Servieren.

ERNÄHRUNG: Kalorien: 153 Fett: 8,7 g Eiweiß: 15 g Kohlenhydrate: 2,7 g Ballaststoffe: 0,7 g

Käsiges Huhn im Speckmantel

Zubereitungszeit: 5 Minuten

Kochzeit: 25 Minuten

Portionen: 2

ZUTATEN:

- 2 Hähnchenschenkel, ohne Knochen
- 2 Streifen Speck
- 2 Esslöffel geschredderter Cheddar-Käse
- 1/3 Teelöffel Salz
- 2/3 Teelöffel Paprika
- 1/4 Teelöffel Knoblauchpulver

RICHTLINIE:

1. Schalten Sie den Ofen ein, stellen Sie ihn auf 400°F und lassen Sie ihn vorheizen.
2. In der Zwischenzeit die Hähnchenschenkel von beiden Seiten mit Salz, Paprika und Knoblauch würzen und dann auf ein mit Öl gefettetes Backblech legen.
3. Belegen Sie jeden Hähnchenschenkel mit einem Speckstreifen und backen Sie ihn dann 15 bis 20 Minuten, bis das Hähnchen durchgebraten und der Speck knusprig ist.
4. Wenn das Hähnchen fertig ist, streuen Sie den Käse über das Hähnchen, backen Sie es weitere 5 Minuten, bis der Käse geschmolzen und golden ist, und servieren Sie es dann.

ERNÄHRUNG: Kalorien: 172,5 Fett: 11,5 g Eiweiß: 14,5 g Kohlenhydrate: 0,5 g Ballaststoffe: 0,5 g

Bohnen und Würstchen

Zubereitungszeit: 5 Minuten

Kochzeit: 6 Minuten

Portionen: 2

ZUTATEN:

- 4 Unzen grüne Bohnen
- 4 Unzen Hühnerwurst, in Scheiben geschnitten
- ½ Teelöffel getrocknetes Basilikum
- ½ Teelöffel getrockneter Oregano
- 1/3 Tasse Hühnerbrühe, von Hühnerwurst

- 1 Esslöffel Avocadoöl
- ¼ Teelöffel Salz
- 1/8 Teelöffel gemahlener schwarzer Pfeffer

RICHTLINIE:

1. Schalten Sie Ihren Multicooker ein, geben Sie alle Zutaten in den Innentopf und schließen Sie ihn mit dem Deckel in der verschlossenen Position.
2. Drücken Sie die Taste "Manuell", kochen Sie 6 Minuten bei Hochdruckeinstellung und lassen Sie nach dem Kochen den Druck schnell ab.
3. Sofort servieren.

ERNÄHRUNG: Kalorien: 151 Fett: 9,4 g Eiweiß: 11,7 g Kohlenhydrate: 3,4 g Ballaststoffe: 1,6 g

Paprika geriebenes Huhn

Zubereitungszeit: 5 Minuten

Kochzeit: 25 Minuten

Portionen: 2

ZUTATEN:

- 2 Hähnchenschenkel, ohne Knochen
- ¼ Esslöffel Fenchelsamen, gemahlen
- ½ Teelöffel scharfes Paprikapulver
- ¼ Teelöffel geräucherter Paprika
- ½ Teelöffel gehackter Knoblauch
- ¼ Teelöffel Salz
- 2 Esslöffel Avocadoöl

RICHTLINIE:

1. Schalten Sie den Ofen ein, stellen Sie ihn auf 325°F und lassen Sie ihn vorheizen.
2. Bereiten Sie die Gewürzmischung vor. Nehmen Sie dazu eine kleine Schüssel, geben Sie alle Zutaten außer dem Huhn hinein und rühren Sie, bis sie gut vermischt sind.
3. Bestreichen Sie das Hähnchen von allen Seiten mit der Mischung, reiben Sie es gut in das Fleisch ein, legen Sie das Hähnchen dann auf ein Backblech und braten Sie es 15 bis 25 Minuten, bis es durchgegart ist, wobei Sie alle 10 Minuten mit dem Bratfett begießen.
4. Servieren.

ERNÄHRUNG: Kalorien: 102,3 Fett: 8g Eiweiß: 7,2g Kohlenhydrate: 0,3g Ballaststoffe: 0,5g

---

Teriyaki-Huhn

Zubereitungszeit: 5 Minuten

Kochzeit: 18 Minuten

Portionen: 2

ZUTATEN:

- 2 Hähnchenschenkel, ohne Knochen
- 2 Esslöffel Sojasauce
- 1 Esslöffel Swerve-Süßstoff
- 1 Esslöffel Avocadoöl

RICHTLINIE:

1. Nehmen Sie eine Bratpfanne, stellen Sie sie auf mittlere Hitze, geben Sie Öl hinein und wenn es heiß ist, geben Sie die Hähnchenschenkel hinein und braten Sie sie 5 Minuten pro Seite, bis sie angebraten sind.

2. Dann die Hähnchenschenkel mit Zucker bestreuen, mit Sojasauce beträufeln und die Sauce zum Kochen bringen.

3. Schalten Sie die Hitze auf mittlere bis niedrige Stufe, kochen Sie 3 Minuten weiter, bis das Huhn gleichmäßig glasiert ist, und geben Sie es dann auf einen Teller.

4. Hähnchen mit Blumenkohlreis servieren.

ERNÄHRUNG: Kalorien: 150 Fett: 9g Eiweiß: 17,3g Kohlenhydrate: 0,8g Ballaststoffe: 0,5g

Chili-Limetten-Hähnchen mit Krautsalat

Zubereitungszeit: 35 Minuten

Kochzeit: 8 Minuten

Portionen: 2

ZUTATEN:

- 1 Hähnchenschenkel, ohne Knochen
- 2 Unzen Krautsalat
- ¼ Teelöffel gehackter Knoblauch
- ¾ Esslöffel Apfelessig
- ½ Limette, ausgepresst, geschält
- ¼ Teelöffel Paprika
- ¼ Teelöffel Salz
- 2 Esslöffel Avocadoöl
- 1 Esslöffel ungesalzene Butter

RICHTLINIE:

1. Bereiten Sie die Marinade vor. Nehmen Sie dazu eine mittelgroße Schüssel, geben Sie Essig, Öl, Knoblauch, Paprika, Salz, Limettensaft und -schale hinzu und rühren Sie, bis alles gut vermischt ist.
2. Hähnchenschenkel in mundgerechte Stücke schneiden, gut durchschwenken und 30 Minuten im Kühlschrank marinieren.
3. Nehmen Sie dann eine Bratpfanne, stellen Sie sie auf mittlere bis hohe Hitze, geben Sie die Butter und die

marinierten Hähnchenstücke hinein und braten Sie sie 8 Minuten lang, bis sie goldbraun und durchgegart sind.

4. Hähnchen mit Krautsalat servieren.

ERNÄHRUNG: Kalorien: 157,3 Fett: 12,8g Eiweiß: 9g Kohlenhydrate: 1g Ballaststoffe: 0,5g

FLEISCH

Spicy Habanero und Rinderhackfleisch Abendessen

Zubereitungszeit: 7 Minuten

Zubereitungszeit: 33 Minuten

Portionen: 2

ZUTATEN

- 1/2 Teelöffel gemahlener schwarzer Pfeffer
- 1/2 Teelöffel getrockneter Thymian
- 1/2 Teelöffel getrocknetes Basilikum
- 1 ½ Pfund Hackfleisch
- 1 Teelöffel Habanero-Pfeffer, gehackt
- 1/2 Teelöffel gemahlenes Lorbeerblatt
- 2 Esslöffel Talg, bei Raumtemperatur
- 2 reife Roma-Tomaten, zerdrückt
- 2 Schalotten, gehackt
- 1 Teelöffel Fenchelsamen
- 2 Knoblauchzehen, gehackt
- 1/4 Teelöffel Kümmelsamen, gemahlen
- 1/2 Tasse trockener Sherrywein
- 1/2 Teelöffel Paprika
- 1/2 Teelöffel Salz
- Für ketogene Tortillas:
- Eine Prise Kochsalz
- 4 Eiweiß

- Eine Prise Swerve
- 1/3 Teelöffel Backpulver
- 1/4 Tasse Kokosnussmehl
- 6 Esslöffel Wasser

ANWEISUNG

1. Lösen Sie den Talg in einem Wok auf, der bei normaler Hitze auf der Stirnseite steht.

2. Nach dem obigen Schritt das Rinderhackfleisch 4 Minuten lang anbraten und dabei mit einer Gabel zerdrücken. Geben Sie alle Gewürze zusammen mit Knoblauch, Schalotten und Habanero-Pfeffer hinzu. Danach weitere 9 Minuten weitergaren.

3. Nach dem obigen Schritt rühren Sie die Tomaten und den Sherry ein. Stellen Sie dann die Hitze auf mittel-niedrig ein, schließen Sie den Deckel und lassen Sie es für einen längeren Zeitraum von 20 Minuten köcheln.

4. Bereiten Sie in der Zwischenzeit die Tortillas vor, indem Sie das Kokosmehl, die Eier und das Backpulver in einem Behälter vermischen. Fügen Sie Salz, Wasser und Swerve hinzu und mischen Sie, bis alles gut eingearbeitet ist.

5. Eine antihaftbeschichtete Pfanne bei mittlerer Hitze vorheizen. Backen Sie die Tortillas auf jeder Seite eine merkliche Zeit. Wiederholen Sie den Vorgang, bis kein Teig mehr vorhanden ist.

6. Genießen Sie die Rinderhackfleischmischung.

ERNÄHRUNG: Kalorien 361, Eiweiß 29g, Fett 21,9g, Kohlenhydrate 6,4g, Zucker 1,5g

Fleischbällchen mit gerösteter Paprika und Manchego

Zubereitungszeit: 10 Minuten

Kochzeit: 60 Minuten

Portionen: 2

ZUTATEN

- 2 Lauchstangen, gehackt
- 2 reife Tomaten, zerdrückt
- 1 Pfund Rinderhackfleisch
- 1 Teelöffel Zitronenthymian
- 3 Knoblauchzehen
- 1 Ei
- 3 Esslöffel Parmesankäse, gerieben
- 1 ½ Tassen Hühnerbrühe
- 1/2 Teelöffel frischer Ingwer, gemahlen
- 4 Paprikaschoten, entkernt und gewürfelt
- 2 Chipotle-Paprika, entkernt und gehackt
- 1/2 Tasse Manchego-Käse, zerkrümelt
- Salz und frisch gemahlener schwarzer Pfeffer

ANWEISUNG

1. Erhitzen (Broil) Sie die Paprikaschoten ca. 20 Minuten, wobei Sie sie ein- oder zweimal wenden. Lassen Sie sie mindestens 30 Minuten stehen, damit sich die Haut löst.

2. Die Paprikaschoten häuten; Stiele und Kerne entfernen; die Chipotle-Schoten in gleich große Stücke schneiden und aufbewahren.

3. Vermengen Sie in einer Rührschüssel den Parmesan, den Lauch, das Ei, den Knoblauch, das Salz, den Pfeffer und das Rinderhackfleisch. Erhitzen Sie eine Pfanne mit schwerem Boden bei mäßig hoher Hitze.

4. Frikadellen von allen Seiten ca. 10 Minuten anbraten.

5. Bereiten Sie nach dem obigen Schritt die Tomatensauce zu. Kochen Sie die Tomaten, den Ingwer, die Hühnerbrühe und den Zitronenthymian in einer auf mittlerer bis hoher Hitze vorgeheizten Pfanne; würzen Sie mit Salz und Pfeffer nach Geschmack. Zum Kochen bringen, die Hitze auf mittlere Stufe reduzieren. Fleischbällchen zugeben und unter vorsichtigem Rühren köcheln lassen, bis sie vollständig gar sind.

6. Fleischbällchen mit der Tomatensauce und gerösteten Paprika servieren. Mit zerbröseltem Manchego garnieren und servieren!

ERNÄHRUNG: Kalorien 348, Eiweiß 42,8 g, Fett 13,7 g, Kohlenhydrate 5,9 g, Zucker 2,7 g

Die besten Sloppy Joes aller Zeiten

Zubereitungszeit: 10 Minuten

Kochzeit: 20 Minuten

Portionen: 6

ZUTATEN

- 1 Teelöffel Deli-Senf
- Salz und gemahlener Pfeffer, nach Geschmack
- 1 ½ Pfund Hackfleisch
- 2 Teelöffel Talg, Raumtemperatur
- 2 Schalotten, fein gewürfelt
- 1 Esslöffel Kokosnussessig
- 1 Teelöffel Chipotle-Pulver
- 1 Teelöffel Staudenselleriesamen

- 1/2 Tasse pürierte Tomaten
- 1 Teelöffel Knoblauch, gehackt
- 1 Teelöffel Cayennepfeffer

ANWEISUNG

1. Lösen Sie 1 Esslöffel Talg in einer Pfanne mit schwerem Boden bei normal hoher Flamme auf.
2. Danach die Schalotten und den Knoblauch anbraten, bis sie zart und aromatisch werden; reservieren.
3. In der gleichen Pfanne einen weiteren Esslöffel Talg auflösen. Danach das Rinderhackfleisch anbraten und mit einem Spatel zerkrümeln.
4. Geben Sie das Gemüse zurück in die Pfanne; mischen Sie die restlichen Zutaten ein. Stellen Sie die Hitze auf mittlere bis niedrige Stufe; köcheln Sie 20 Minuten lang; rühren Sie dabei ab und zu um.
5. Auf Keto-Brötchen genießen. Guten Appetit!

ERNÄHRUNG: Kalorien 313, Eiweiß 26,6 g, Fett 20,6 g, Kohlenhydrate 3,5 g, Zucker; 0,3 g

Gegrilltes Rib Eye Steak

Zubereitungszeit: 15 Minuten

Kochzeit: 5 Minuten

Portionen: 6

ZUTATEN

- 1 Esslöffel Worcestershire-Sauce
- 2 Esslöffel Olivenöl
- 2 Esslöffel trockener Rotwein
- Selleriesalz und gemahlener schwarzer Pfeffer, nach Geschmack
- 1 Esslöffel Austernsauce
- 2 Knoblauchzehen, zerdrückt
- 1 Thymianzweig, gehackt
- 2 Rosmarinzweige, gehackt

- 1 Teelöffel getrockneter Salbei, zerkleinert
- 1/2 Teelöffel Chipotle-Pulver
- 2 Pfund Rib-Eye-Steaks

ANWEISUNG

1. In einer Rührschüssel Austernsauce und Knoblauch, Worcestershire-Sauce, Thymian, Rosmarin, Salz, Salbei, Chipotle-Pulver, Pfeffer, Wein und Olivenöl vollständig vermengen.

2. Danach marinieren Sie die Rib-Eye-Steaks über Nacht im Kühlschrank.

3. Heizen Sie Ihren Grill vor, der zuvor leicht eingefettet wurde. Grillen Sie die Rib-Eye-Steaks bei direkter Hitze 4 bis 5 Minuten von jeder Seite für medium-rare. Guten Appetit!

ERNÄHRUNG: Kalorien 314, Eiweiß 48,2 g, Fett 11,4 g;, Kohlenhydrate 1 g, Zucker 0,6 g

Rinderwurst mit Mayo-Sauce

Zubereitungszeit: 9 Minuten

Kochzeit: 6 Minuten

Portionen: 4

ZUTATEN

- 1 Knoblauchzehe, fein gehackt
- 2 Esslöffel Koriander, gehackt
- 1/2 Teelöffel getrockneter Majoran
- 1/2 Teelöffel Salz
- 1/3 Teelöffel rote Paprikaflocken
- 1 Esslöffel Schmalz, bei Raumtemperatur
- 1 rote Zwiebel, gehackt
- 1 Esslöffel Tomatenpüree
- 1 Pfund Rinderwurst, zerkrümelt
- Für die Sauce:

- 1 ½ Teelöffel Senf
- 1/4 Tasse Mayonnaise
- 1 Teelöffel Cayennepfeffer
- Eine Prise Salz

ANWEISUNG

1. Lösen Sie das Schmalz bei mittlerer bis hoher Hitze auf. Fügen Sie die Zwiebel und den Knoblauch hinzu und erhitzen Sie sie 2 Minuten lang oder bis sie zart und duftend werden.

2. Das Rindfleisch einrühren und ca. 3 Minuten länger kochen lassen. Den roten Pfeffer, das Salz, den Majoran und den Koriander einrühren; 1 weitere Minute erhitzen.

3. Bereiten Sie anschließend die Sauce zu, indem Sie alle Saucenzutaten verquirlen. Genießen Sie sie über kohlenhydratarmem Fladenbrot.

ERNÄHRUNG: Kalorien 549, Eiweiß 16,2 g, Fett 49,3 g, Kohlenhydrate 4,7 g, Zucker 2,3 g

Fingerleckend gutes Rinderbrustfilet

Zubereitungszeit: 30 Minuten

Kochzeit: 3Stunden

Portionen: 8

ZUTATEN

- 2 Knoblauchzehen, halbiert
- 1 Teelöffel Schalottenpulver
- 1/2 Teelöffel frisch gemahlener schwarzer Pfeffer
- 1/4 Tasse trockener Rotwein
- 1 Esslöffel Dijon-Senf
- 2 Pfund Rinderbrust, zurechtgeschnitten
- 1 Teelöffel getrockneter Majoran
- 1 Teelöffel getrockneter Rosmarin

- 1 Teelöffel Meersalz

ANWEISUNG

1. Beginnen Sie mit dem Vorheizen eines Ofens auf 375oF. Wischen Sie die rohe Rinderbrust mit Knoblauch und Dijon-Senf ein.

2. Führen Sie nun ein Trockenrub durch, indem Sie die restlichen Zutaten zusammenfügen. Würzen Sie die Rinderbrust von beiden Seiten mit dem Rub. Geben Sie den Wein in die Pfanne.

3. Legen Sie die Rinderbrust in eine Backform. Im Ofen 1 Stunde lang braten.

4. Reduzieren Sie die Temperatur des Ofens auf 300oF; braten Sie für eine weitere Dauer von 2 Stunden 30 Minuten.

5. Nun das Fleisch in Scheiben schneiden und mit Saft aus der Backform genießen. Guten Appetit!

ERNÄHRUNG: Kalorien 219, Eiweiß 34,6 g, Fett 7,2 g, Kohlenhydrate 0,6 g, Zucker 0,1 g

Winterlicher Guinness-Rindfleisch-Eintopf

Zubereitungszeit: 10 Minuten

Kochzeit: 1 Stunde

Portionen: 6

ZUTATEN

- 1 ½ Tassen Tomatenpüree
- 1 Tasse Lauch, gehackt
- 1 Lorbeerblatt
- 1 Stange Staudensellerie, gehackt
- 3 Tassen kochendes Wasser
- 1/4 Tasse Minzblätter, gehackt, zum Servieren
- 1 Esslöffel Rinderbrühe-Granulat

- 1 ½ Pfund Rinderschulter, in mundgerechte Würfel geschnitten
- 1 ½ Esslöffel Avocadoöl
- 1 Tasse Guinness Bier
- 1/2 Teelöffel Kümmel

ANWEISUNG

1. Öl in einem Suppentopf bei mittlerer bis hoher Hitze erhitzen. Nun die Schulterwürfel anbraten, bis sie gebräunt sind; reservieren.

2. Nun das Gemüse im Bratfett ca. 8 Minuten anbraten, dabei ab und zu umrühren.

3. Fügen Sie die restlichen Zutaten hinzu, lassen Sie die Minzblätter weg und bringen Sie das Ganze schnell zum Kochen. Drehen Sie dann die Hitze auf mittlere bis niedrige Stufe und lassen Sie es etwa 50 Minuten lang köcheln.

4. In einzelne Servierschalen füllen und mit Minzblättern garniert servieren. Guten Appetit!

ERNÄHRUNG: Kalorien 444, Eiweiß 66,3 g, Fett 14,2 g, Kohlenhydrate 6,1 g, Zucker 2,7 g

Griechischer Hackbraten im Prosciutto-Mantel

Zubereitungszeit 15 Minuten

Zubereitungszeit: 55 Minuten

Portionen: 8

ZUTATEN

- 2 Teelöffel griechische Gewürzmischung
- 1/4 Tasse Halb-und-Halb
- 8 Scheiben Prosciutto
- 1/2 Pfund gemahlenes Lammfleisch
- 2 Eier, verquirlt
- 1 Esslöffel Worcestersauce
- 3 Teelöffel Olivenöl
- 2 Pfund Rinderhackfleisch
- 2 Schalotten, fein gewürfelt
- 6 Unzen Fetakäse, zerkrümelt
- 1 Esslöffel brauner Senf
- 1/2 Tasse gehackte Kalamata-Oliven

ANWEISUNG

1. Heizen Sie Ihren Ofen auf 3900F vor.
2. Erhitzen Sie das Öl in einer gusseisernen Pfanne, die auf mittlerer Flamme vorgeheizt wird. Braten Sie die Schalotte an, bis sie weich und leicht gebräunt ist.

3. In einem großen Mixbehälter die restlichen Zutaten vollständig zusammenführen, Prosciutto auslassen. Die sautierte Zwiebel hinzufügen und gut umrühren.

4. Die Masse zu einem Hackbraten formen. Wickeln Sie den Hackbraten mit den Prosciutto-Scheiben ein und schieben Sie ihn in eine Backform.

5. Verschließen Sie es mit einem Stück Alufolie. Backen Sie für 40 Minuten. Entfernen Sie die Folie und backen Sie weitere 10 bis 13 Minuten. Guten Appetit!

ERNÄHRUNG: Kalorien 442, Eiweiß 56,3 g, Fett 20,6 g, Kohlenhydrate 4,9 g, Zucker 1 g

Kalter Rindfleischsalat nach griechischer Art

Zubereitungszeit: 15 Minuten

Kochzeit: 5 Minuten

Portionen: 6

ZUTATEN

- 1 orangefarbene Paprika, in dünne Scheiben geschnitten
- 1 grüne Paprika, in dünne Scheiben geschnitten
- 1 Esslöffel frischer Zitronensaft
- Salz und gemahlener schwarzer Pfeffer, nach Belieben
- 1 Tasse Traubentomaten, halbiert
- 1 Esslöffel Sojasauce

- 1 ½ Pfund Rumpsteak vom Rind
- 1/2 Teelöffel getrockneter Oregano
- 1 Kopf Buttersalat, Blätter getrennt
- 1 rote Zwiebel, geschält und in dünne Scheiben geschnitten
- 2 Salatgurken, in dünne Scheiben geschnitten
- 1/4 Tasse natives Olivenöl extra

ANWEISUNG

1. Schwenken Sie in einem Salatbehälter die Zwiebeln, Gurken, Tomaten, Paprika und Buttersalatblätter.
2. Heizen Sie einen Grill vor; erhitzen Sie das Steak für 3 Minuten pro Seite. Danach Steak quer zur Faser in dünne Scheiben schneiden.
3. Geben Sie die Fleischscheiben in den Salat.
4. Bereiten Sie das Dressing zu, indem Sie Oregano, Salz, Pfeffer, Zitronensaft, Olivenöl und Sojasauce verquirlen.
5. Salat anrichten und gut gekühlt genießen.

ERNÄHRUNG: Kalorien 315, Eiweiß 37,5 g, Fett 13,8 g, Kohlenhydrate 6,4 g, Zucker 2,4 g

Im Ofen gebratenes Rib-Eye-Steak

Zubereitungszeit: 10 Minuten

Kochzeit: 25 Minuten

Portionen: 6

ZUTATEN

- 1 Teelöffel Meersalz
- 1 Esslöffel Olivenöl
- 1/2 Teelöffel gemahlener schwarzer Pfeffer
- 2 Esslöffel Apfelessig
- 1 ½ Pfund Rib-Eye-Steak
- 2 Knoblauchzehen, gehackt
- 1/2 Tasse Worcestersauce

ANWEISUNG

1. Heizen Sie Ihren Ofen auf 3500F vor. Schmieren Sie eine Bratpfanne mit einem Antihaft-Kochspray ein.

2. Erhitzen Sie das Olivenöl in einer Bratpfanne auf mittlerer bis hoher Stufe. Das Steak mit Salz und schwarzem Pfeffer würzen; das Steak anbraten, bis es gerade gebräunt ist oder ca. 3 Minuten dauert.

3. Legen Sie das Steak in den vorbereiteten Bratentopf. Vermengen Sie in einem Mischbehälter die Worcestersauce, den Knoblauch und den Apfelessig. Geben Sie diese Mischung über das Steak.

4. Nun mit einem Stück Folie fest verschließen. Braten Sie das Steak für etwa 20 Minuten oder bis es zart und gut gebräunt ist. Genießen!

ERNÄHRUNG: Kalorien 343, Eiweiß 20,1 g, Fett 27,3 g, Kohlenhydrate 3 g, Zucker 0 g

Gefüllte Tomaten mit Cotija-Käse

Zubereitungszeit: 5 Minuten

Kochzeit: 30 Minuten

Portionen: 4

ZUTATEN

- 1 Tasse Frühlingszwiebeln, gehackt
- 2 Esslöffel Tomatenmark, zuckerfrei
- 1/2 Teelöffel Kreuzkümmelsamen
- 2 Knoblauchzehen, gehackt
- 1 Teelöffel mildes Paprikapulver
- 1 Pfund Rinderhackfleisch
- 1 Esslöffel Olivenöl

- Salz und Pfeffer, nach Belieben
- 1/2 Tasse Rinderbrühe
- 1 Teelöffel getrocknete Korianderblätter
- 8 Tomaten, das Fruchtfleisch aushöhlen und würfeln
- 3/4 Tasse Cotija-Käse, geraspelt

ANWEISUNG

1. Heizen Sie zunächst den Ofen auf 3500 F vor. Fetten Sie eine Auflaufform mit einem Kochspray leicht ein.
2. Erhitzen Sie das Öl in einem Topf bei mäßig starker Hitze. Sautieren Sie die Frühlingszwiebeln und den Knoblauch, bis sie aromatisch werden.
3. Hackfleisch einrühren; 5 Minuten kochen, dabei mit einem Spatel zerbröseln. Tomatenmark einrühren und erhitzen, bis es durcherhitzt ist. Mit Pfeffer, Salz und Kreuzkümmel würzen.
4. Füllen Sie die Tomaten mit der Rindfleischmischung und schieben Sie sie in die bereits vorbereitete Auflaufform.
5. Verquirlen Sie in einem Mixbehälter das Tomatenmark mit Koriander, Paprika und Brühe. Die Mischung über die gefüllten Tomaten geben.
6. Backen, bis die Tomaten weich sind, etwa 20 Minuten lang. Mit Cotija-Käse bestreuen und weitere 5 Minuten überbacken. Guten Appetit!

ERNÄHRUNG: Kalorien 244, Eiweiß 28,9 g, Fett 9,6 g, Kohlenhydrate 6 g, Zucker 4 g

GEMÜSE

Butternusskürbis und Blumenkohl-Eintopf

Zubereitungszeit:5 Minuten

Kochzeit:10 Minuten

Portionieren: 4

ZUTATEN:

- 3 Knoblauchzehen, gehackt
- 1 Tasse Blumenkohlröschen
- 1 ½ Tassen Butternusskürbis, gewürfelt
- 2 ½ Tassen schwere Sahne
- Was Sie aus dem Vorratsschrank benötigen:
- Pfeffer und Salz nach Geschmack
- 3 Esslöffel Kokosnussöl

RICHTUNG:

1. Erhitzen Sie das Öl in einer Pfanne und braten Sie den Knoblauch an, bis er duftet.
2. Die restlichen Zutaten einrühren und mit Salz und Pfeffer abschmecken.
3. Schließen Sie den Deckel und bringen Sie das Ganze 10 Minuten lang zum Kochen.
4. Servieren und genießen.

ERNÄHRUNG: Kalorien: 385; Fett: 38,1g; Kohlenhydrate: 10g; Eiweiß:2g

Gewürzte Portobello-Pilze

Zubereitungszeit: 10 Minuten

Kochzeit: 10 Minuten

Portion: 2

ZUTATEN:

- 2 Portobello-Pilze, gestielt und sauber abgewischt
- 1 Teelöffel gehackter Knoblauch
- ¼ Teelöffel getrockneter Rosmarin
- 1 Esslöffel Balsamico-Essig
- ¼ Tasse geriebener Provolone-Käse
- Was Sie aus dem Vorratsschrank benötigen:
- 4 Esslöffel Olivenöl
- Salz und Pfeffer nach Geschmack

RICHTUNG:

1. In einem Backofen den Rost 4 Zoll von der Oberseite entfernt positionieren und den Broiler vorheizen.
2. Bereiten Sie eine Auflaufform vor, indem Sie sie leicht mit Kochspray besprühen.
3. Stiellos, Pilzkiemenseite nach oben legen.
4. Mischen Sie Knoblauch, Rosmarin, Balsamico-Essig und Olivenöl in einer kleinen Schüssel gut. Mit Salz und Pfeffer abschmecken.
5. Gleichmäßig über die Champignons träufeln.
6. Marinieren Sie das Fleisch mindestens 5 Minuten, bevor Sie es in den Ofen schieben und 4 Minuten pro Seite grillen oder bis es zart ist.
7. Nach dem Garen aus dem Ofen nehmen, mit Käse bestreuen, wieder auf den Grill stellen und ein oder zwei Minuten grillen, bis der Käse schmilzt.
8. Aus dem Ofen nehmen und sofort servieren.

ERNÄHRUNG: Kalorien: 168; Fett: 5,1g; Kohlenhydrate: 21,5g; Eiweiß: 8,6g

Griechisch gestylter Veggie-Reis

Zubereitungszeit: 15 Minuten,

Kochzeit: 20 Minuten

Portionieren: 3

ZUTATEN:

- 3 Esslöffel gehackte frische Minze
- 1 kleine Tomate, gewürfelt
- 1 Kopf Blumenkohl, in große Röschen geschnitten
- ¼ Tasse frischer Zitronensaft
- ½ gelbe Zwiebel, gehackt
- Was Sie aus dem Vorratsschrank benötigen:
- Pfeffer und Salz nach Geschmack
- ¼ Tasse natives Olivenöl extra

RICHTUNG:

1. In einer Schüssel Zitronensaft und Zwiebel mischen und 30 Minuten stehen lassen. Dann die Zwiebel abgießen und den Saft und die Zwiebelstücke aufbewahren.

2. Zerkleinern Sie den Blumenkohl in einem Mixer, bis er die Größe eines Reiskorns hat.

3. Stellen Sie eine mittelgroße Antihaft-Pfanne auf mittleres Feuer und kochen Sie den Blumenkohl 8-10 Minuten lang zugedeckt.

4. Traubentomaten hinzufügen und 3 Minuten unter gelegentlichem Rühren kochen.

5. Minze und Zwiebelstücke hinzufügen. Weitere drei Minuten kochen.

6. In der Zwischenzeit in einer kleinen Schüssel Pfeffer, Salz, 3 EL reservierten Zitronensaft und Olivenöl verquirlen, bis alles gut vermischt ist.

7. Nehmen Sie den gekochten Blumenkohl heraus, geben Sie ihn in eine Servierschüssel, gießen Sie die Zitronensaftmischung darüber und schwenken Sie ihn, um ihn zu vermischen.

8. Vor dem Servieren bei Bedarf mit Pfeffer und Salz abschmecken.

ERNÄHRUNG: Kalorien: 120; Fett: 9,5g; Kohlenhydrate: 4,0g; Eiweiß: 2,3g

Knoblauch 'n Sour Cream Zucchini Auflauf

Zubereitungszeit: 10 Minuten,

Kochzeit: 35 Minuten

Portionieren: 3

ZUTATEN:

- 1 ½ Tassen Zucchini-Scheiben
- 5 Esslöffel Olivenöl
- 1 Esslöffel gehackter Knoblauch
- 1/4 Tasse geriebener Parmesankäse
- 1 (8 Unzen) Paket Frischkäse, erweicht
- Was Sie aus dem Vorratsschrank benötigen:
- Salz und Pfeffer nach Geschmack

RICHTUNG:

1. Fetten Sie ein Backblech leicht mit Kochspray ein.
2. Legen Sie die Zucchini in eine Schüssel und geben Sie Olivenöl und Knoblauch hinein.
3. Legen Sie die Zucchinischeiben in einer einzigen Schicht in die Schüssel.
4. 35 Minuten bei 390oF backen, bis sie knusprig sind.
5. Verquirlen Sie die restlichen Zutaten in einer Schüssel gut.
6. Mit Zucchini servieren

ERNÄHRUNG: Kalorien: 385; Fett: 32,4 g; Kohlenhydrate: 9,5 g; Eiweiß: 11,9 g

Paprika 'n Cajun gewürzte Zwiebelringe

Zubereitungszeit: 15 Minuten,

Kochzeit: 25 Minuten

Portionieren: 6

ZUTATEN:

- 1 große weiße Zwiebel
- 2 große Eier, verquirlt
- ½ Teelöffel Cajun-Gewürz
- ¾ Tasse Mandelmehl
- 1 ½ Teelöffel Paprika
- Was Sie aus dem Vorratsschrank benötigen:
- ½ Tasse Kokosnussöl zum Braten
- ¼ Tasse Wasser
- Salz und Pfeffer nach Geschmack

RICHTUNG:

1. Einen Topf mit Öl für 8 Minuten vorheizen.
2. Schälen Sie die Zwiebel, schneiden Sie die Spitze ab und schneiden Sie sie in Kreise.
3. Vermengen Sie in einer Rührschüssel das Wasser und die Eier. Würzen Sie mit Pfeffer und Salz.
4. Weichen Sie die Zwiebel in der Eimischung ein.
5. Vermengen Sie in einer anderen Schüssel das Mandelmehl, Paprikapulver, Cajun-Gewürz, Salz und Pfeffer.
6. Bestreuen Sie die Zwiebel mit der Mandelmehlmischung.
7. In den Topf geben und schubweise kochen, bis sie goldbraun sind, etwa 8 Minuten pro Schub.

ERNÄHRUNG: Kalorien: 262; Fett: 24,1 g; Kohlenhydrate: 3,9 g; Eiweiß: 2,8 g

Cremiger Grünkohl und Champignons

Zubereitungszeit: 10 Minuten,

Kochzeit: 15 Minuten

Portionieren: 3

ZUTATEN:

- 3 Knoblauchzehen, gehackt
- 1 Zwiebel, gehackt
- 1 Bund Grünkohl, Stiele entfernt und Blätter gehackt
- 3 weiße Champignons, gewürfelt
- 1 Becher Schlagsahne
- Was Sie aus dem Vorratsschrank benötigen:
- 5 Esslöffel Öl
- Salz und Pfeffer nach Geschmack

RICHTUNG:

1. Öl in einem Topf erhitzen.
2. Braten Sie den Knoblauch und die Zwiebel 2 Minuten lang an, bis sie duften.
3. Champignons unterrühren. Mit Pfeffer und Salz würzen. 8 Minuten kochen.
4. Grünkohl und Kokosnussmilch einrühren. Für 5 Minuten köcheln lassen.
5. Passen Sie die Gewürze nach Geschmack an.

ERNÄHRUNG: Kalorien: 365; Fett: 35,5 g; Kohlenhydrate: 7,9 g; Eiweiß: 6,0 g

Gebratene Butterpilze

Zubereitungszeit: 15 Minuten

Kochzeit: 15 Minuten

Portionieren: 4

ZUTATEN:

- 4 Esslöffel Butter
- 3 Knoblauchzehen, gehackt
- 6 Unzen frische braune Champignons, in Scheiben geschnitten
- 7 Unzen frische Shiitake-Pilze, in Scheiben geschnitten
- Eine Prise Thymian
- Was Sie aus dem Vorratsschrank benötigen:
- 2 Esslöffel Olivenöl
- Salz und Pfeffer nach Geschmack

RICHTUNG:

1. Erhitzen Sie die Butter und das Öl in einem Topf.
2. Braten Sie den Knoblauch an, bis er duftet, etwa 2 Minuten.
3. Rühren Sie die restlichen Zutaten ein und kochen Sie sie weich, etwa 13 Minuten.

ERNÄHRUNG: Kalorien: 231; Fett: 17,5 g; Kohlenhydrate: 8,7 g; Eiweiß: 3,8 g

Gebratener Bok Choy

Zubereitungszeit: 10 Minuten

Kochzeit: 15 Minuten

Portionieren: 4

ZUTATEN:

- 4 Knoblauchzehen, gehackt
- 1 Zwiebel, gehackt
- 2 Köpfe Bok Choy, abgespült und gehackt
- 2 Esslöffel Sesamöl
- 2 Esslöffel Sesamsamen, geröstet
- Was Sie aus dem Vorratsschrank benötigen:
- 3 Esslöffel Öl
- Salz und Pfeffer nach Geschmack

RICHTUNG:

1. Erhitzen Sie das Öl in einem Topf für 2 Minuten.
2. Sautieren Sie den Knoblauch und die Zwiebeln, bis sie duften, etwa 3 Minuten.
3. Rühren Sie den Bok Choy, Salz und Pfeffer ein.
4. Pfanne abdecken und 5 Minuten kochen.
5. Umrühren und weitere 3 Minuten kochen lassen.
6. Vor dem Servieren mit Sesamöl beträufeln und mit Sesamkörnern bestreuen.

ERNÄHRUNG: Kalorien: 358; Fett: 28,4 g; Kohlenhydrate: 5,2 g; Eiweiß: 21,5 g

Blumenkohlkrapfen

Zubereitungszeit: 20 Minuten,

Kochzeit: 15 Minuten

Portionieren: 6

ZUTATEN:

- 1 großer Blumenkohlkopf, in Röschen geschnitten
- 2 Eier, verquirlt
- ½ Teelöffel Kurkuma
- 1 große Zwiebel, geschält und gewürfelt
- Was Sie aus dem Vorratsschrank benötigen:
- ½ Teelöffel Salz
- ¼ Teelöffel schwarzer Pfeffer
- 6 Esslöffel Öl

RICHTUNG:

1. Geben Sie die Blumenkohlröschen in einen Topf mit Wasser.
2. Zum Kochen bringen und abtropfen lassen, sobald sie gekocht sind.
3. Geben Sie den Blumenkohl, die Eier, die Zwiebel, Kurkuma, Salz und Pfeffer in die Küchenmaschine.
4. Pulsen Sie, bis die Mischung grob ist.
5. Übertragen Sie die Masse in eine Schüssel. Mit den Händen sechs kleine, abgeflachte Kugeln formen und für mindestens 1 Stunde in den Kühlschrank stellen, bis die Masse fest wird.
6. Erhitzen Sie das Öl in einer Pfanne und braten Sie die Blumenkohlpatties für 3 Minuten auf jeder Seite.

7. Servieren und genießen.

ERNÄHRUNG: Kalorien: 157; Fett: 15,3 g; Kohlenhydrate: 2,28 g; Eiweiß: 3,9 g

Rührei mit Champignons und Spinat

Zubereitungszeit: 3 Minuten

Kochzeit: 15 Minuten

Portion: 2

ZUTATEN:

- 2 große Eier
- 1 Teelöffel Butter
- 1/2 Tasse dünn geschnittene frische Champignons
- 1/2 Tasse frischer Babyspinat, gehackt
- 2 Esslöffel geschredderter Provolone-Käse
- Was Sie aus dem Vorratsschrank benötigen:
- 1/8 Teelöffel Salz
- 1/8 Teelöffel Pfeffer

RICHTUNG:

1. Verquirlen Sie in einer kleinen Schüssel Eier, Salz und Pfeffer, bis alles gut vermischt ist. In einer kleinen Antihaft-Pfanne Butter bei mittlerer bis hoher Hitze erhitzen. Pilze hinzugeben; kochen und rühren, bis sie zart sind (3-4 Minuten). Spinat hinzugeben; kochen und rühren, bis er verwelkt ist. Hitze auf mittlere Stufe reduzieren.
2. Eimischung hinzufügen; kochen und rühren, bis die Eier verdickt sind und kein flüssiges Ei mehr übrig ist. Käse einrühren.

ERNÄHRUNG: Pro Portion: Kalorien: 162; Fett: 11g; Kohlenhydrate: 2g; Eiweiß: 14g

---

Endivien-Mix mit Zitronendressing

Zubereitungszeit: 15 Minuten

Kochzeit: 0 Minuten

Portionieren: 8

ZUTATEN:

- 1 Bund Brunnenkresse (4 Unzen)
- 2 Köpfe Endivie, längs halbiert und in dünne Scheiben geschnitten
- 1 Tasse Granatapfelkerne (etwa 1 Granatapfel)
- 1 Schalotte, in dünne Scheiben geschnitten
- 2 Zitronen, entsaftet und geschält
- Was Sie aus dem Vorratsschrank benötigen:
- 1/4 Teelöffel Salz
- 1/8 Teelöffel Pfeffer
- 1/4 Tasse Olivenöl

RICHTUNG:

1. Kombinieren Sie in einer großen Schüssel Brunnenkresse, Endivie, Granatapfelkerne und Schalotte.
2. Verquirlen Sie in einer kleinen Schüssel den Zitronensaft, die Schale, Salz, Pfeffer und Olivenöl. Über den Salat träufeln; schwenken, um ihn zu bedecken.

ERNÄHRUNG: Kalorien: 151; Fett: 13g; Kohlenhydrate: 6g; Eiweiß: 2g

SUPPEN UND EINTÖPFE

Mit Kräutern gewürzter Rindereintopf

Zubereitungszeit: 5 Minuten

Kochzeit: 50 Minuten

Portionen: 6

ZUTATEN:

- 2 Teelöffel Schmalz, bei Raumtemperatur
- 1 ½ Pfund Top Chuck, in mundgerechte Würfel geschnitten
- 1 Stange Staudensellerie, gehackt
- 2 italienische Paprika, gewürfelt
- 1/2 Tasse Zwiebeln, gehackt
- Koscheres Salz, zum Würzen

- 1/4 Teelöffel frisch gemahlener schwarzer Pfeffer, zum Abschmecken
- 2 reife Tomaten, püriert
- 4 Tassen Gemüsebrühe
- 1 Zweig Thymian
- 1 Zweig Rosmarin
- 1 Lorbeer
- 2 Esslöffel frischer Schnittlauch, grob gehackt

RICHTLINIE:

1. Schmelzen Sie das Schmalz in einem Suppentopf bei mittlerer bis hoher Hitze. Braten Sie die Top Chuck-Würfel 8 bis 9 Minuten lang an, bis sie braun sind; reservieren Sie sie und halten Sie sie warm.

2. Braten Sie dann im Bratfett den Sellerie, die italienischen Paprika und die Zwiebeln 5 Minuten lang an, bis sie weich geworden sind. Fügen Sie den Knoblauch hinzu und sautieren Sie ihn 30 Sekunden bis 1 Minute länger oder bis er aromatisch ist.

3. Geben Sie das reservierte Rindfleisch zusammen mit dem Salz, dem schwarzen Pfeffer, den Tomaten, der Gemüsebrühe, dem Thymian, dem Rosmarin und dem Lorbeer zurück in den Topf.

4. Zum Kochen bringen und sofort die Hitze auf mittel-niedrig stellen. Lassen Sie es teilweise zugedeckt 35 Minuten länger kochen.

5. Mit frischem Schnittlauch garnieren und in einzelnen Schalen servieren. Guten Appetit!

ERNÄHRUNG: Pro Portion: 277 Kalorien; 21,5 g Fett; 2,7 g Kohlenhydrate; 17,4 g Eiweiß; 0,8 g Ballaststoffe

Sesam und Chorizo Blumenkohl-Reis

Zubereitungszeit: 2 Minuten

Kochzeit: 10 Minuten

Portionen: 2

ZUTATEN:

- 8 oz geriebener Blumenkohl
- 2 Unzen Chorizo
- 1/3 Teelöffel Ingwerpulver
- 1/3 Teelöffel Knoblauchpulver
- 1 Esslöffel Sesamöl
- Würzen:
- 1/3 Teelöffel Salz
- ¼ Teelöffel gemahlener schwarzer Pfeffer
- 1 Esslöffel Avocadoöl

RICHTLINIE:

1. Nehmen Sie eine mittelgroße Pfanne, stellen Sie sie auf mittlere Hitze, fügen Sie Avocadoöl hinzu und wenn es heiß ist, fügen Sie Chorizo hinzu und kochen Sie es 3 bis 5 Minuten, bis es durchgegart ist. Chorizo auf einen Teller geben, die Pfanne abwischen, wieder auf mittlere Hitze stellen, Sesamöl hinzufügen und, wenn es heiß ist, geriebenen Blumenkohl hinzufügen und 3 Minuten kochen, bis er fast gar ist. Chorizo wieder in die Pfanne geben, mit Salz und schwarzem Pfeffer würzen, durchschwenken und 2 bis 3 Minuten weiterkochen, bis er gar ist. Chorizo-

Blumenkohl-Reis auf zwei Teller verteilen, mit Sesam bestreuen und dann servieren.

ERNÄHRUNG: 229 Kalorien; 20,5 g Fett; 6,2 g Eiweiß; 1,4 g Netto-Kohlenhydrate; 2 g Ballaststoffe;

Cheddar Zucchini & Rindfleisch Becher

Zubereitungszeit: 5 Minuten

Kochzeit: 10 Minuten

Portionen: 2

ZUTATEN:

- 4 oz Roastbeef-Deli-Scheiben, auseinandergerissen
- 3 Esslöffel saure Sahne
- 1 kleine Zucchini, gewürfelt
- 2 Esslöffel gehackte grüne Chilis
- 3 Unzen geschredderter Cheddar-Käse

RICHTLINIE:

1. Die Rindfleischscheiben auf dem Boden von 2 breiten Bechern verteilen und mit einem Esslöffel saurer Sahne bestreichen. Mit 2 Zucchinischeiben belegen, mit Salz und Pfeffer würzen, grüne Chilis hinzufügen, mit der restlichen sauren Sahne und dann Cheddar-Käse belegen. Die Becher für 1-2 Minuten in die Mikrowelle stellen, bis der Käse schmilzt. Die Becher herausnehmen, 1 Minute abkühlen lassen und servieren.

ERNÄHRUNG: Pro Portion: Kal 188; Netto-Kohlenhydrate 3,7g; Fett 9g; Protein 18g

Gegrillte Rinderkurzkeule

Zubereitungszeit: 5 Minuten

Kochzeit: 25 Minuten

Portionen: 3

ZUTATEN:

- 1 ½ Pfund Rindfleisch kurze Lende
- 2 Thymianzweige, gehackt
- 1 Zweig Rosmarin, gehackt
- 1 Teelöffel Knoblauchpulver
- Meersalz und gemahlener schwarzer Pfeffer, nach Geschmack

RICHTLINIE:

1. Geben Sie alle oben genannten Zutaten in einen wiederverschließbaren Reißverschlussbeutel. Schütteln Sie den Beutel, bis das Rinderkotelett von allen Seiten gut bedeckt ist.
2. Auf dem vorgeheizten Grill 15 bis Minuten garen, dabei ein- bis zweimal während der Garzeit wenden.
3. Lassen Sie ihn 5 Minuten stehen, bevor Sie ihn in Scheiben schneiden und servieren. Guten Appetit!

ERNÄHRUNG: Pro Portion: 313 Kalorien; 11,6 g Fett; 0,1 g Kohlenhydrate; 52 g Eiweiß; 0,1 g Ballaststoffe

Kräuter-Rindfleisch-Gemüse-Eintopf

Zubereitungszeit: 15 Minuten

Kochzeit: 15 Minuten

Portionen: 4

ZUTATEN:

- 1 Pfund Rinderhackfleisch
- 2 Esslöffel Olivenöl
- 1 Zwiebel, gehackt
- 2 Knoblauchzehen, gehackt
- 14 Unzen gewürfelte Tomaten in Dosen
- 1 Esslöffel getrockneter Rosmarin

- 1 Esslöffel getrockneter Salbei
- 1 Esslöffel getrockneter Oregano
- 1 Esslöffel getrocknetes Basilikum
- 1 Esslöffel getrockneter Majoran
- Salz und schwarzer Pfeffer, nach Geschmack
- 2 Möhren, in Scheiben geschnitten
- 2 Stangen Staudensellerie, gehackt
- 1 Tasse Gemüsebrühe

RICHTLINIE:

1. Stellen Sie eine Pfanne auf mittlere Hitze, geben Sie das Olivenöl, die Zwiebel, den Sellerie und den Knoblauch hinein und braten Sie sie 5 Minuten lang an. Geben Sie das Rindfleisch hinein und braten Sie es 6 Minuten lang. Tomaten, Karotten, Brühe, schwarzen Pfeffer, Oregano, Majoran, Basilikum, Rosmarin, Salz und Salbei einrühren und einige Minuten köcheln lassen. Servieren und genießen!

ERNÄHRUNG: Pro Portion: Kcal 253, Fett 13g, Netto-Kohlenhydrate 5,2g, Protein 30g

Wurst mit Zucchini-Nudeln

Portionen: 2

Kochzeit: 12 Minuten

ZUTATEN:

- 1 große Zucchini, zu Nudeln spiralisiert
- 3 oz Wurst
- ½ Teelöffel Knoblauchpulver
- 4 oz Marinara-Sauce
- 2 Teelöffel geriebener Parmesankäse
- Würzen:
- 1/3 Teelöffel Salz
- 1/8 Teelöffel getrocknetes Basilikum
- ¼ Teelöffel italienisches Gewürz
- 1 Esslöffel Avocadoöl

RICHTLINIE:

1. Nehmen Sie eine Bratpfanne, stellen Sie sie auf mittlere Hitze und wenn sie heiß ist, fügen Sie die Wurst hinzu, zerbröseln Sie sie und kochen Sie sie 5 Minuten lang, bis sie schön gebräunt ist. Wenn die Wurst fertig ist, in eine Schüssel geben, das Fett abtropfen lassen, Öl hinzufügen und, wenn es heiß ist, Zucchininudeln hinzufügen, mit Knoblauch bestreuen, durchschwenken und 3 Minuten kochen, bis die Zucchini weich zu werden beginnen. Marinara-Sauce zugeben, Wurst wieder in die Pfanne geben, durchschwenken, Salz, Basilikum und italienische Gewürze zugeben, durchrühren und 2 bis 3 Minuten kochen, bis sie

heiß sind. Wenn fertig, Marinara-Nudeln auf zwei Teller verteilen, mit Käse bestreuen und dann servieren.

ERNÄHRUNGSINFO:320 Kalorien; 27,6 g Fett; 8,6 g Eiweiß; 5,2 g Netto-Kohlenhydrate; 2,7 g Ballaststoffe;

Ultimative Zucchini-Lasagne

Zubereitungszeit: 17 Minuten

Kochzeit: 28 Minuten

Portionen: 7

ZUTATEN:

- 2 Esslöffel Olivenöl
- 2 ½ Pfund Rinderhackfleisch
- 1 Schalotte, gehackt
- Meersalz und gemahlener schwarzer Pfeffer, nach Geschmack
- 1 Teelöffel Cayennepfeffer
- 1 Esslöffel Steakgewürzmischung

- 1 großformatige Zucchini, in Scheiben geschnitten
- 7 Eier
- 7 Unzen Frischkäse
- 1 Tasse Asiago-Käse, geraspelt

RICHTLINIE:

1. Erhitzen Sie das Olivenöl in einer Pfanne auf mittlerer Flamme; sobald es heiß ist, braten Sie das Hackfleisch 4 bis 5 Minuten lang an.

2. Fügen Sie die Schalotte hinzu und braten Sie sie weitere 3 Minuten an, bis sie zart und glasig ist. Mit Salz, schwarzem Pfeffer, Cayennepfeffer und Steakgewürzmischung würzen.

3. Tupfen Sie die Zucchinischeiben trocken, um die überschüssige Feuchtigkeit loszuwerden.

4. Löffeln Sie 1/3 der Mischung in den Boden einer leicht gefetteten Auflaufform. Mit einer Schicht Zucchinischeiben bedecken. Wiederholen Sie den Vorgang, bis Sie keine Zucchini- und Rindfleischmischung mehr haben.

5. Verquirlen Sie in einer Rührschüssel die Eier mit der sauren Sahne; verteilen Sie die Mischung darauf. Mit dem Asiago-Käse bedecken.

6. Decken Sie die Auflaufform mit Alufolie ab. Backen Sie den Auflauf im vorgeheizten Ofen bei 3 Grad F für 20 Minuten.

7. Die Alufolie entfernen und weitere 15 Minuten backen, bis die Oberseite golden ist. Guten Appetit!

ERNÄHRUNG: Pro Portion: 467 Kalorien; 31,8 g Fett; 3,3 g Kohlenhydrate; 42 g Eiweiß; 0,4 g Ballaststoffe

Estragon-Rinderhackbraten

Zubereitungszeit: 10 Minuten

Kochzeit: 1 Stunde

Portionen: 4

ZUTATEN:

- 2 Pfund Rinderhackfleisch
- 3 Esslöffel Leinsamenmehl
- 2 große Eier
- 2 Esslöffel Olivenöl
- 1 Zitrone, geschält
- ¼ Tasse gehackter Estragon
- ¼ Tasse gehackter Oregano
- 4 Knoblauchzehen, gehackt

RICHTLINIE:

1. Heizen Sie den Ofen auf 400 F vor und fetten Sie eine Brotbackform mit Kochspray ein. In einer Schüssel Rindfleisch, Salz, Pfeffer und Leinsamenmehl vermengen; beiseite stellen. In einer anderen Schüssel verquirlen Sie die Eier mit Olivenöl, Zitronenschale, Estragon, Oregano und Knoblauch. Gießen Sie die Mischung über die Rindfleischmischung und vermengen Sie sie gleichmäßig. Löffeln Sie die Fleischmischung in die Pfanne und drücken Sie sie hinein. Im Ofen eine Stunde lang backen. Die Pfanne herausnehmen, kippen, um die Fleischflüssigkeit ablaufen zu lassen, und 5 Minuten abkühlen lassen. In Scheiben

schneiden, mit einigen Zitronenscheiben garnieren und mit Curry-Caulireis servieren.

ERNÄHRUNG: Pro Portion: Kal 631; Netto-Kohlenhydrate 2,8g; Fett 38g; Protein 64g

Wurst mit Tomaten und Käse

Zubereitungszeit: 6 Minuten

Kochzeit: 24 Minuten

Portionen: 4

ZUTATEN:

- 2 Unzen Kokosnussöl, geschmolzen
- 2 Pfund italienische Schweinefleischwurst, gehackt
- 1 Zwiebel, in Scheiben geschnitten
- 4 sonnengetrocknete Tomaten, in dünne Scheiben geschnitten
- Salz und schwarzer Pfeffer nach Geschmack
- ½ Pfund Gouda-Käse, gerieben
- 3 gelbe Paprikaschoten, gewürfelt

- 3 orangefarbene Paprikaschoten, gewürfelt
- Eine Prise rote Paprikaflocken
- Eine Handvoll Petersilie, in dünne Scheiben geschnitten

RICHTLINIE:

1. Eine Pfanne mit dem Öl bei mittlerer Hitze erhitzen, Wurstscheiben hineingeben, umrühren, 3 Minuten auf jeder Seite braten, auf einen Teller geben und vorerst beiseite stellen.

2. Die Pfanne erneut bei mittlerer Hitze erhitzen, Zwiebel, gelbe und orangefarbene Paprika und Tomaten hinzufügen, umrühren und 5 Minuten kochen.

3. Paprikaflocken, Salz und Pfeffer hinzufügen, gut umrühren, 1 Minute kochen und vom Herd nehmen.

4. Wurstscheiben in eine Auflaufform legen, Paprikamischung darauf geben, Petersilie und Gouda ebenfalls dazugeben, in den Ofen bei 350 Grad einführen und 15 Minuten backen.

5. Auf Tellern verteilen und heiß servieren.

6. Viel Spaß!

ERNÄHRUNG: Kalorien 200, Fett 5, Ballaststoffe 3, Kohlenhydrate 6, Eiweiß 14

Süß-saure Schweinekoteletts

Zubereitungszeit: 5 Minuten

Kochzeit: 45 Minuten

Portionen: 6

ZUTATEN:

- 6 8 Unzen ¾-Zoll dicke Schweinekoteletts, zurechtgeschnitten
- Salz und gemahlener schwarzer Pfeffer, je nach Bedarf
- 2 Esslöffel Olivenöl
- 1¼ Tassen Wasser
- ¾ Tasse Bio-Apfelessig
- 6 Knoblauchzehen, zerdrückt
- 2 Esslöffel Erythritol

- 2 Esslöffel frische Petersilie, gehackt

RICHTLINIE:

1. Heizen Sie den Ofen auf 400 Grad F vor.
2. Jedes Kotelett gleichmäßig mit Salz und schwarzem Pfeffer würzen.
3. Erhitzen Sie das Öl in einem großen holländischen Ofen bei starker Hitze und braten Sie die Koteletts in zwei Chargen etwa 5 Minuten lang an, wobei Sie sie nach der Hälfte der Zeit einmal wenden.
4. Nehmen Sie die Pfanne vom Herd und legen Sie die Koteletts in einer einzigen Schicht an.
5. Geben Sie die restlichen Zutaten außer Petersilie in eine Schüssel und mischen Sie sie gut.
6. Geben Sie die Essigmischung gleichmäßig über die Koteletts.
7. Die Pfanne abdecken und in den Ofen schieben.
8. Etwa 40 Minuten backen.
9. Mit Petersilie garnieren und heiß servieren.

ERNÄHRUNG: Pro Portion: Kalorien: 777; Netto-Kohlenhydrate: 1,3g; Kohlenhydrate: 1.4g;Ballaststoffe: 0.1g;Protein: 51.2g;Fett: 61.1g;Zucker: 0.2g;Natrium: 189mg

Toskanisches Schweinefilet mit Blumenkohl-Reis

Zubereitungszeit: 20 Minuten

Kochzeit: 10 Minuten

Portionen: 4

ZUTATEN:

- 1 Tasse lose verpackter frischer Babyspinat
- 2 Esslöffel Olivenöl
- 1 ½ lb Schweinefilet, gewürfelt
- Salz und schwarzer Pfeffer nach Geschmack
- ½ Teelöffel Kreuzkümmelpulver
- 2 Tassen Blumenkohlreis
- ½ Tasse Wasser
- 1 Tasse Traubentomaten, halbiert
- 3/4 Tasse zerbröckelter Feta-Käse

RICHTLINIE:

1. Olivenöl in einer Pfanne erhitzen, das Schweinefleisch mit Salz, Pfeffer und Kreuzkümmel würzen und von beiden Seiten 5 Minuten braun anbraten. Blumenkohlreis einrühren und mit Wasser aufgießen. 5 Minuten kochen oder bis der Blumenkohl weich wird. Spinat untermischen, bis er verwelkt, eine Minute, und die Tomaten hinzufügen. Das Gericht in Schüsseln füllen, mit Fetakäse bestreuen und mit scharfer Soße servieren.

ERNÄHRUNG: Pro Portion: Kal 377; Netto-Kohlenhydrate 1,9g; Fett 17g; Protein 43g

Stämmige Hamburger Suppe

Zubereitungszeit: 5 Minuten

Zubereitungszeit: 55 Minuten

Portionen: 7

ZUTATEN:

- 2 Esslöffel Sesamöl
- 2 ½ Pfund Rinderhackfleisch
- 1 gelbe Zwiebel, gehackt
- 1/2 Teelöffel frisches oder getrocknetes Basilikum
- 1 Teelöffel frischer Koriander, gehackt
- 1 Teelöffel Knoblauchpulver
- Koscheres Salz und schwarzer Pfeffer, zum Würzen
- 1 Stange Staudensellerie, gehackt

- 2 reife Tomaten, püriert
- 1 Lorbeer
- 8 Tassen Wasser
- 3 Brühwürfel

RICHTLINIE:

2. Erhitzen Sie das Sesamöl in einem Suppentopf auf mittlerer bis hoher Flamme. Sobald es heiß ist, braten Sie das Rinderhackfleisch 4 bis 5 Minuten lang an und zerbröseln es mit einer Gabel.

3. Fügen Sie die Zwiebel hinzu und braten Sie sie etwa 4 Minuten lang an. Die restlichen Zutaten einrühren; vorsichtig umrühren, um sie zu kombinieren.

4. Drehen Sie die Hitze auf mittlere bis niedrige Stufe und lassen Sie sie teilweise zugedeckt 50 Minuten lang köcheln oder bis sie durchgegart sind.

5. Schmecken Sie ab, passen Sie die Gewürze an und servieren Sie in einzelnen Schalen. Guten Appetit!

ERNÄHRUNG: Pro Portion: 301 Kalorien; 17,7 g Fett; 3,3 g Kohlenhydrate; 32,5 g Eiweiß; 0,8 g Ballaststoffe

Frühstückspfanne mit Chorizo, Ei und Avocado

Zubereitungszeit: 6 Minuten

Kochzeit: 6 Minuten

Portionen: 2

ZUTATEN:

- ¼ der Avocado, entkernt, gewürfelt
- ¼ der gelben Zwiebel, in Scheiben geschnitten
- 1,5 Unzen grüne Oliven
- 4 oz Chorizo, zerkrümelt2 Eier
- Würzen:
- ¼ Teelöffel Salz

- ¼ Teelöffel Paprika
- 1/8 Teelöffel gemahlener schwarzer Pfeffer
- 1 Esslöffel Avocadoöl

RICHTLINIE:

1. Nehmen Sie eine mittelgroße Pfanne, stellen Sie sie auf mittlere bis hohe Hitze, geben Sie ½ EL Öl hinein und wenn es heiß ist, fügen Sie die Zwiebel hinzu, würzen Sie sie mit der Hälfte des Salzes und dem schwarzen Pfeffer und kochen Sie sie 2 Minuten lang. Chorizo hinzufügen, mit Paprika bestreuen und 5 Minuten weiterbraten, bis sie gar sind. Chorizo auf einen Teller geben, restliches Öl in die Pfanne geben und warten, bis es heiß wird. Eier in eine Schüssel aufschlagen, restliches Salz und schwarzen Pfeffer hinzufügen, verquirlen, dann das Ei in die Pfanne geben und 3 bis 4 Minuten lang braten, bis das Ei die gewünschte Konsistenz hat.

2. Chorizo wieder in die Pfanne geben, Oliven und Avocado hinzufügen, umrühren und 30 Sekunden lang kochen, bis sie heiß sind. Fleisch, Eier und Avocado auf zwei Teller verteilen und dann servieren.

Ernährung: 440 Kalorien; 37,1 g Fette; 18,7 g Eiweiß; 4,4 g Netto-Kohlenhydrate; 3,3 g Ballaststoffe;

Dijon-Schweineleberbraten

Zubereitungszeit: 5 Minuten

Kochzeit: 25 Minuten

Portionen: 6

ZUTATEN:

- 3 lb knochenloser Schweinerückenbraten
- 5 Zehen Knoblauch, gehackt
- Salz und schwarzer Pfeffer nach Geschmack
- 1 Esslöffel Dijon-Senf
- 1 Teelöffel getrocknetes Basilikum
- 2 Teelöffel Knoblauchpulver

RICHTLINIE:

1. Heizen Sie den Ofen auf 400 F vor und legen Sie das Schweinefleisch in eine Auflaufform. Mischen Sie in einer Schüssel gehackten Knoblauch, Salz, Pfeffer, Senf, Basilikum und Knoblauchpulver. Reiben Sie die Mischung auf das Schweinefleisch. Beträufeln Sie es mit Olivenöl und backen Sie es für einige Minuten, bis es innen gar und außen braun ist. Auf eine flache Unterlage legen und 5 Minuten abkühlen lassen. Servieren Sie das Fleisch in Scheiben geschnitten mit gedünstetem Grünzeug.

ERNÄHRUNG: Pro Portion: Kal 311; Netto-Kohlenhydrate 2g; Fett 9g; Protein 51g

SNACKS

Eierkugeln

Zubereitungszeit: 10 Minuten

Kochzeit: 0 Minuten

Portionen: 4

ZUTATEN:

- 4 oz Speck, gewürfelt, gekocht
- 4 Eier, gekocht, geschält
- 1 Esslöffel Frischkäse
- 1 Teelöffel Zwiebelpulver
- 1 Teelöffel Butter, erweicht

RICHTUNG:

1. Mischen Sie alle Zutaten im Mixtopf.
2. Formen Sie dann mit Hilfe des Schöpfers kleine Kugeln.
3. Lagern Sie die Eierkugeln bis zu 1 Tag im Kühlschrank.

ERNÄHRUNG: Kalorien 236, Fett 18,1, Ballaststoffe 0, Kohlenhydrate 1,3, Eiweiß 16,3

Radieschen-Haschisch

Zubereitungszeit: 10 Minuten

Kochzeit: 11 Minuten

Portionen: 2

ZUTATEN:

- 1 Esslöffel Butter
- ¼ Teelöffel Knoblauchpulver
- 1 Frühlingszwiebel, gehackt
- 4 oz Corned Beef, gehackt, gekocht
- 2 Tassen Radieschen, in Viertel geschnitten

RICHTUNG:

1. Schwenken Sie die Butter in der Pfanne und heizen Sie sie vor.
2. Frühlingszwiebeln hinzufügen und 4 Minuten braten.
3. Dann fügen Sie Knoblauchpulver, Corned Beef und Radieschen hinzu.
4. Rühren Sie die Zutaten gut um und schließen Sie den Deckel.
5. Kochen Sie sie 5 Minuten lang.

ERNÄHRUNG: Kalorien 189, Fett 13, Ballaststoffe 3,1, Kohlenhydrate 9,3, Eiweiß 9,1

Chia Schalen

Zubereitungszeit: 10 Minuten

Kochzeit: 10 Minuten

Portionen: 4

ZUTATEN:

- 1 1/2 Tasse Kokosnussmilch
- 2 Esslöffel Chiasamen
- 3 oz Cheddar-Käse, gerieben
- ½ Teelöffel Chiliflocken
- ½ Teelöffel Salz
- 1 Esslöffel Kokosnussöl

RICHTUNG:

1. Mischen Sie im Mixtopf alle Zutaten.
2. Formen Sie die kleinen Kugeln und stellen Sie sie 10-15 Minuten in den Kühlschrank.

ERNÄHRUNG: Kalorien 357, Fett 34,1, Ballaststoffe 4,4, Kohlenhydrate 8,3, Eiweiß 8,5

Speck-Mix

Zubereitungszeit: 10 Minuten

Kochzeit: 20 Minuten

Portionen: 3

ZUTATEN:

- 3 Eier, verquirlt
- 1 Esslöffel Kokosnussöl, geschmolzen
- 1 Frühlingszwiebel, gehackt
- 1 Tasse Rosenkohl, in Scheiben geschnitten
- 3 Scheiben Speck, gewürfelt
- 1½ Chilipulver

RICHTUNG:

1. Geben Sie alle Zutaten in die große Schüssel und mischen Sie sie sorgfältig.
2. Übertragen Sie dann die Mischung in die Backform, glätten Sie sie bei Bedarf.
3. Backen Sie die Speckmischung 20 Minuten lang bei 355F.

ERNÄHRUNG: Kalorien 233, Fett 17,1, Ballaststoffe 2, Kohlenhydrate 6,9, Eiweiß 14

Basilikum-Scotch-Eier

Zubereitungszeit: 15 Minuten

Kochzeit: 30 Minuten

Portionen: 4

ZUTATEN:

- 4 Eier, gekocht
- 1 ½ Tasse gemahlenes Schweinefleisch
- ½ Teelöffel weißer Pfeffer
- ½ Teelöffel getrocknetes Basilikum
- 1 Esslöffel Butter

RICHTUNG:

1. Mischen Sie in der Rührschüssel das gemahlene Schweinefleisch mit dem weißen Pfeffer und dem getrockneten Basilikum.
2. Dann aus der Fleischmischung 4 Bällchen formen.
3. Füllen Sie die Frikadellen mit Eiern.
4. Fetten Sie das Backblech mit Butter ein.
5. Legen Sie die gefüllten Schweinebällchen in das Blech und backen Sie sie bei 365F für 30 Minuten.

ERNÄHRUNG: Kalorien 147, Fett 11,3, Ballaststoffe 0,1, Kohlenhydrate 0,5, Eiweiß 10,6

Hanf Bites

Zubereitungszeit: 10 Minuten

Kochzeit: 15 Minuten

Portionen: 4

ZUTATEN:

- 4 Esslöffel Hanfsamen
- 1 Tasse Wasser
- 1 Esslöffel Vanilleextrakt
- 1 Esslöffel Flohsamenschalenpulver
- 2 Esslöffel Butter
- 1 Esslöffel Erythritol

RICHTUNG:

1. Bringen Sie das Wasser zum Kochen und fügen Sie die Hanfherzen hinzu. Nehmen Sie es vom Herd.
2. Dann alle restlichen Zutaten hinzufügen und den Teig kneten.
3. Legen Sie das Backblech mit Backpapier aus.
4. Den Teig in der Schale flachdrücken und in Stücke schneiden.
5. Backen Sie die Hanfhappen 10 Minuten lang bei 360 F oder bis sie hellbraun sind.

ERNÄHRUNG: Kalorien 152, Fett 12,6, Ballaststoffe 2,2, Kohlenhydrate 3,4, Eiweiß 5,1

Flaumige Eier

Zubereitungszeit: 10 Minuten

Kochzeit: 15 Minuten

Portionen: 2

ZUTATEN:

- 2 Scheiben Speck
- 2 Eiweiß
- 1 Teelöffel Butter

RICHTUNG:

1. Legen Sie den Speck in die Bratpfanne.
2. Butter hinzufügen und den Speck 2 Minuten pro Seite braten.
3. Schlagen Sie in der Zwischenzeit das Eiweiß zu schaumigem Schnee.
4. Gießen Sie den Eischnee über den Speck und schließen Sie den Deckel.
5. Kochen Sie das Gericht 10 Minuten lang bei niedriger Hitze.

ERNÄHRUNG: Kalorien 137, Fett 9,9, Ballaststoffe 0, Kohlenhydrate 0,5, Eiweiß 10,7

Kaffee Brei

Zubereitungszeit: 10 Minuten

Kochzeit: 25 Minuten

Portionen: 2

ZUTATEN:

- 2 Esslöffel Instant-Kaffee
- 2 Tassen Wasser
- 1 Esslöffel Chiasamen
- 1 Esslöffel Erythritol
- 1 Esslöffel Vanilleextrakt
- 1/3 Tasse Kokosnussmilch

RICHTUNG:

1. Bringen Sie das Wasser zum Kochen und fügen Sie den Instantkaffee hinzu. Gut umrühren
2. Dann alle restlichen Zutaten hinzufügen und in die Gläser/Schüsseln gießen.
3. Lassen Sie den Brei vor dem Servieren 15-20 Minuten stehen.

ERNÄHRUNG: Kalorien 145, Fett 11,7, Ballaststoffe 3,3, Kohlenhydrate 6, Eiweiß 2,1

Chia Haferflocken

Zubereitungszeit: 10 Minuten

Kochzeit: 15 Minuten

Portionen: 3

ZUTATEN:

- 1 Tasse Bio-Mandelmilch
- 2 Esslöffel Chiasamen
- 1 Esslöffel Erythritol
- 1 Esslöffel Mandelblättchen
- 2 Esslöffel Mandelmehl
- 1 Esslöffel Flachsmehl
- 1 Pekannuss, gehackt
- ½ Teelöffel Vanilleextrakt

RICHTUNG:

1. Geben Sie alle Zutaten in die große Pfanne und mischen Sie sie.
2. Dann bringen Sie die Mischung zum Kochen.
3. Nehmen Sie es vom Herd und lassen Sie es vor dem Servieren etwas abkühlen.

ERNÄHRUNG: Kalorien 398, Fett 36,9, Ballaststoffe 8,5, Kohlenhydrate 14,1, Eiweiß 9

Zimt Brei

Zubereitungszeit: 10 Minuten

Kochzeit: 15 Minuten

Portionen: 2

ZUTATEN:

- 1 Esslöffel Chiasamen
- 1 Tasse Kokosnussmilch
- 2 Esslöffel Leinsamen
- ½ Tasse Hanf Herzen
- ½ Teelöffel gemahlener Zimt
- 1 Esslöffel Erythritol
- ¼ Tasse Kokosnussmehl

RICHTUNG:

1. Bringen Sie die Kokosnussmilch zum Kochen und nehmen Sie sie vom Herd.
2. Fügen Sie alle restlichen Zutaten hinzu und verquirlen Sie sie, bis sie glatt/homogen sind.
3. Lassen Sie den Brei vor dem Servieren 15 Minuten lang an einem warmen Ort stehen.

ERNÄHRUNG: Kalorien 646, Fett 52,8, Ballaststoffe 17,3, Kohlenhydrate 25,1, Eiweiß 21,6

Garam Masala Auflauf

Zubereitungszeit: 10 Minuten

Kochzeit: 30 Minuten

Portionen: 4

ZUTATEN:

- 1 Tasse Schweinehackfleisch
- 1 Tasse Blumenkohl, zerkleinert
- ½ Tasse Bio-Mandelmilch
- 1 Frühlingszwiebel, gewürfelt
- 1 Teelöffel Kokosnussöl
- ½ Teelöffel Salz
- ½ Teelöffel Paprika
- ½ Teelöffel Garam Masala
- 1 Esslöffel frischer Koriander, gehackt
- 1 Unze Parmesankäse, gerieben

RICHTUNG:

1. Geben Sie alle Zutaten in den Mixtopf und rühren Sie, bis sie homogen sind.
2. Dann die Masse in die Auflaufformen füllen und mit Folie abdecken.
3. Backen Sie das Gericht bei 360 Grad für 30 Minuten.

ERNÄHRUNG: Kalorien 352, Fett 26,1, Ballaststoffe 2, Kohlenhydrate 6, Eiweiß 23,9

Macadamia-Schalen

Zubereitungszeit: 10 Minuten

Kochzeit: 5 Minuten

Portionen: 3

ZUTATEN:

- ½ Tasse Kokosnuss, geraspelt
- 4 Teelöffel Kokosnussöl
- 2 Tassen Kokosnussmilch
- 1 Esslöffel Erythritol
- 1/3 Tasse Macadamia-Nüsse, gehackt
- 1/3 Tasse Leinsamen

RICHTUNG:

1. Bringen Sie die Kokosnussmilch zum Kochen und nehmen Sie sie vom Herd.
2. Fügen Sie Kokosnussöl, Kokosraspeln, Erythrit, Nüsse und Leinsamen hinzu.
3. Mischen Sie die Mischung und geben Sie sie in die Servierschalen.

ERNÄHRUNG: Kalorien 640, Fett 63,8, Ballaststoffe 9,4, Kohlenhydrate 16,5, Eiweiß 7,6

Parmesan Ringe

Zubereitungszeit: 10 Minuten

Kochzeit: 17 Minuten

Portionen: 4

ZUTATEN:

- ½ Tasse Mandelmehl
- 1 ½ Teelöffel Xanthangummi
- 1 Ei, verquirlt
- 3 Unzen Parmesan, gerieben
- ½ Teelöffel Sesamsamen
- 1 Teelöffel schwere Sahne
- 1 Teelöffel Kokosnussöl

RICHTUNG:

1. In der Rührschüssel alle Zutaten mischen und den Teig kneten.
2. Legen Sie das Backblech mit Backpapier aus.
3. Dann formen Sie aus dem Teig einen Klotz und schneiden ihn in mittlere Stücke.
4. Rollen Sie jedes Stück Teig aus und machen Sie die Bagels.
5. Legen Sie sie in das Backblech und backen Sie sie bei 360F für 17 Minuten.

ERNÄHRUNG: Kalorien 150, Fett 9,2, Ballaststoffe 7,9, Kohlenhydrate 9,2, Eiweiß 9,1

Süßer Brei

Zubereitungszeit: 10 Minuten

Kochzeit: 10 Minuten

Portionen: 2

ZUTATEN:

- 2 Eier, verquirlt
- 1 Esslöffel Erythritol
- 1/3 Tasse Kokosnusscreme
- 2 Esslöffel Kokosnussöl
- 1 Teelöffel Vanilleextrakt

RICHTUNG:

1. Eier mit Kokosnusscreme und Kokosnussöl verrühren und zum Kochen bringen.
2. Vom Herd nehmen und Vanilleextrakt und Erythritol hinzufügen. Rühren Sie den Brei gut um und geben Sie ihn in die Servierschalen.

ERNÄHRUNG: Kalorien 278, Fett 27,5, Ballaststoffe 0,9, Kohlenhydrate 2,8, Eiweiß 6,5

Ei-Haschee

Zubereitungszeit: 10 Minuten

Kochzeit: 20 Minuten

Portionen: 4

ZUTATEN:

- 4 Eier, verquirlt
- 1 Frühlingszwiebel, gewürfelt
- 6 oz Steckrübe, gewürfelt
- 1 Chilischote, in Scheiben geschnitten
- 5 oz Cheddar-Käse, gerieben
- 1 Esslöffel Kokosnussöl
- ½ Teelöffel Taco-Gewürz

RICHTUNG:

1. Schmelzen Sie das Kokosnussöl in der Pfanne.
2. Dann alle Zutaten außer Käse und Eiern hinzufügen.
3. Braten Sie sie für 5 Minuten.
4. Fügen Sie die Eier hinzu und rühren Sie die Mischung vorsichtig ein.
5. Dann mit Käse belegen und den Deckel schließen.
6. Kochen Sie das Eier-Hasch für 10 Minuten bei niedriger Hitze.

ERNÄHRUNG: Kalorien 261, Fett 19,6, Ballaststoffe 1,4, Kohlenhydrate 6,7, Eiweiß 15,1

DESSERTS

Schokoladen-Erdnussbutter-Eiscreme-Riegel

Zubereitungszeit: 4 Stunden und 20 Minuten

Kochzeit: 0 Minuten

Portionieren: 15

ZUTATEN

- 1 Becher schwere Schlagsahne
- 1 Teelöffel Vanilleextrakt
- ¾ Teelöffel Xanthangummi
- 1/3 Tasse Erdnussbutter

- 1 Tasse halb und halb
- 1 ½ Tassen Mandelmilch
- 1/3 Teelöffel Stevia-Pulver
- 1 Esslöffel pflanzliches Glycerin
- 3 Esslöffel Xylitol
- Schokolade:
- ¾ Tasse Kokosnussöl
- ¼ Tasse Kakaobutterstücke, gehackt
- 2 Unzen Schokolade, ungesüßt
- 3 ½ Teelöffel super süße Mischung

ANWEISUNG

1. Pürieren Sie alle Zutaten für die Eiscreme, bis sie glatt sind.
2. In eine Eismaschine geben und die Anweisungen befolgen.
3. Verteilen Sie das Eis in einer ausgekleideten Form und frieren Sie es ca. 4 Stunden lang ein.
4. Kombinieren Sie alle Schokoladenzutaten in einer mikrowellensicheren Schüssel und lassen Sie sie in der Mikrowelle schmelzen. Schneiden Sie die Eiscreme-Riegel in Scheiben.
5. Tauchen Sie sie in die abgekühlte Schokoladenmischung.

ERNÄHRUNG: Pro Portion Kalorien 345 Netto-Kohlenhydrate 5g, Fett 32g, Protein 4g

Zimt-Zimtschnecken-Plätzchen

Zubereitungszeit: 25 Minuten

Kochzeit: 15 Minuten

Portionieren: 4

ZUTATEN

- 2 Tassen Mandelmehl
- ½ Teelöffel Backpulver
- ¾ Tasse Süßstoff
- ½ Tasse Butter erweicht
- Eine Prise Salz
- Beschichtung:
- 2 Esslöffel Erythrit-Süßstoff
- 1 Teelöffel Zimt

ANWEISUNG

1. Heizen Sie Ihren Ofen auf 350 F vor.
2. Kombinieren Sie alle Kekszutaten in einer Schüssel. Formen Sie aus der Mischung 16 Kugeln.
3. Drücken Sie sie mit den Händen flach. Kombinieren Sie den Zimt und das Erythritol.
4. Tauchen Sie die Kekse in die Zimtmischung und legen Sie sie auf ein ausgelegtes Keksblech.
5. Backen Sie für 15 Minuten.

ERNÄHRUNG: Pro Portion Kalorien 131, Netto-Kohlenhydrate 1,5 g, Fett 13 g, Eiweiß 3 g

Schokoladengenuss aus Sahne & Erdbeeren

Zubereitungszeit: 30 Minuten

Kochzeit: 10 Minuten

Portionieren: 4

ZUTATEN

- 3 Eier
- 1 Tasse dunkle Schokoladenchips
- 1 Becher Schlagsahne
- 1 Tasse frische Erdbeeren, in Scheiben geschnitten
- 1 Vanilleextrakt
- 1 Esslöffel Swerve

ANWEISUNG

1. Schmelzen Sie die Schokolade in einer mikrowellengeeigneten Schüssel in Ihrer Mikrowelle für eine Minute auf hoher Stufe und lassen Sie sie 10 Minuten abkühlen.

2. In der Zwischenzeit schlagen Sie in einer mittelgroßen Rührschüssel die Sahne auf, bis sie sehr weich ist.

3. Fügen Sie die Eier, den Vanilleextrakt und das Swerve hinzu und verquirlen Sie die Masse. Heben Sie die abgekühlte Schokolade unter.

4. Die Mousse auf sechs Gläser verteilen, mit den Erdbeerscheiben belegen und vor dem Servieren mindestens 30 Minuten im Kühlschrank kalt stellen.

ERNÄHRUNG: Pro Portion Kalorien 410, Netto-Kohlenhydrate 1,7 g, Fett 25 g, Eiweiß 7,6 g

Tolle Beeren-Torte

Zubereitungszeit: 45 Minuten

Kochzeit: 35 Minuten

Portionieren: 4

ZUTATEN

- 4 Eier
- 2 Teelöffel Kokosnussöl
- 2 Tassen Beeren
- 1 Tasse Kokosnussmilch
- 1 Tasse Mandelmehl
- ¼ Tasse Süßstoff
- ½ Teelöffel Vanillepulver
- 1 Esslöffel Süßstoff, pulverisiert
- Eine Prise Salz

ANWEISUNG

1. Heizen Sie den Ofen auf 350 F vor.
2. Geben Sie alle Zutaten mit Ausnahme des Kokosöls, der Beeren und des pulverförmigen Süßstoffs in einen Mixer. Mixen Sie, bis die Masse glatt ist. Heben Sie die Beeren vorsichtig unter.
3. Fetten Sie eine Tortenform mit dem Kokosnussöl ein. Gießen Sie die Mischung in die vorbereitete Form.
4. 35 Minuten lang backen. Mit Puderzucker bestreuen und servieren.

ERNÄHRUNG: Pro Portion Kalorien 198, Netto-Kohlenhydrate 4,9 g, Fett 16,5 g, Eiweiß 15 g

Brombeeren Chia-Samen-Pudding

Zubereitungszeit: 30 Minuten

Kochzeit: 5 Minuten

Portion: 2

ZUTATEN

- 1 Tasse Vollfett-Naturjoghurt
- 2 Teelöffel Swerve
- 2 Esslöffel Chiasamen
- 1 Tasse frische Brombeeren
- 1 Esslöffel Zitronenschale
- Minzblätter, zum Servieren

ANWEISUNG

1. Mischen Sie den Joghurt und den Swerve zusammen. Rühren Sie die Chiasamen ein.
2. Reservieren Sie 4 Brombeeren zum Garnieren und pürieren Sie die restlichen Brombeeren mit einer Gabel, bis sie püriert sind. Die Joghurtmischung unterrühren
3. 30 Minuten im Kühlschrank abkühlen lassen.
4. Wenn sie abgekühlt ist, teilen Sie die Mischung auf 2 Gläser auf.
5. Jeweils mit ein paar Himbeeren und Minzblättern garnieren und servieren.

ERNÄHRUNG: Pro Portion Kalorien 169, Netto-Kohlenhydrate 1,7 g, Fett 10 g, Eiweiß 7,6 g

Cremiger Mandelbutter-Smoothie

Zubereitungszeit: 2 Minuten

Kochzeit: 0 Minuten

Portion: 1

ZUTATEN

- 1 ½ Tassen Mandelmilch
- 2 Esslöffel Mandelbutter
- 1/8 Teelöffel Mandelextrakt
- ½ Teelöffel Zimt
- 2 Esslöffel Flachsmehl
- 1 Messlöffel Kollagenpeptide
- Eine Prise Salz
- 15 Tropfen Stevia
- Eine Handvoll Eiswürfel

ANWEISUNG

1. Geben Sie Mandelmilch, Mandelbutter, Flachsmehl, Mandelextrakt, Kollagenpeptide, eine Prise Salz und Stevia in die Schüssel Ihres Mixers.
2. Blitzen Sie etwa 30 Sekunden lang, bis die Masse gleichmäßig und glatt ist.
3. Fügen Sie etwas mehr Mandelmilch hinzu, wenn sie sehr dickflüssig ist.
4. Dann probieren Sie und passen den Geschmack nach Bedarf an, indem Sie mehr Stevia für die Süße oder Mandelbutter für die Cremigkeit hinzufügen.

5. In Ihr Smoothie-Glas gießen, die Eiswürfel hinzufügen und mit Zimt bestreuen.
6. Viel Spaß!

ERNÄHRUNG: Pro Portion Kalorien 326, Netto-Kohlenhydrate 6g, Fett 27g, Eiweiß 19g

Porridge mit Chia & Walnüssen

Zubereitungszeit: 6 Minuten

Kochzeit: 4 Minuten

Portion: 1

ZUTATEN

- ½ Teelöffel Vanilleextrakt
- ½ Tasse Wasser
- 1 Esslöffel Chiasamen
- 2 Esslöffel Hanfsamen
- 1 Esslöffel Leinsamenmehl
- 2 Esslöffel Mandelmehl
- 2 Esslöffel Kokosnuss, geraspelt
- ¼ Teelöffel Stevia, granuliert
- 1 Esslöffel Walnüsse, gehackt

ANWEISUNG

1. Geben Sie die Chiasamen, Hanfsamen, Leinsamenmehl, Mandelmehl, granuliertes Stevia und Kokosraspeln in einen Topf mit Antihaftbeschichtung und gießen Sie das Wasser darüber.

2. Bei mittlerer Hitze unter gelegentlichem Rühren köcheln lassen, bis die Masse cremig und ca. 3-4 Minuten lang eingedickt ist. Vanille einrühren.

3. Wenn der Brei fertig ist, in eine Servierschüssel löffeln, mit gehackten Walnüssen bestreuen und warm servieren.

ERNÄHRUNG: Pro Portion Kalorien 334, Netto-Kohlenhydrate 1,5 g, Fett 29 g, Eiweiß 15 g

Pikante Kardamom-Safran-Riegel

Zubereitungszeit: 2 Stunden

Kochzeit: 40 Minuten

Portionieren: 4

ZUTATEN:

- 3 ½ Unzen Ghee
- 10 Safranfäden
- 1 1/3 Tassen Kokosnussmilch
- 1 ¾ Tassen Kokosnuss, geraspelt
- 4 Esslöffel Süßstoff
- 1 Teelöffel Kardamom-Pulver

ANWEISUNG

1. Kombinieren Sie die Kokosnuss mit 1 Tasse der Kokosnussmilch.
2. Mischen Sie in einer anderen Schüssel die restliche Kokosmilch mit dem Süßstoff und dem Safran.
3. 30 Minuten ruhen lassen. Erhitzen Sie das Ghee in einem Wok.
4. Fügen Sie die Kokosnussmischung sowie die Safranmischung hinzu und kochen Sie 5 Minuten lang bei niedriger Hitze, während Sie ständig rühren.
5. Den Kardamom einrühren und weitere 5 Minuten kochen.
6. Verteilen Sie die Masse auf ein gefettetes Backblech.
7. Für 2 Stunden einfrieren. In Riegel schneiden und genießen!

ERNÄHRUNG: Pro Portion Kalorien 130, Netto-Kohlenhydrate 1,4 g, Fett 12 g, Eiweiß 2 g

Mamas Pekannuss-Kekse

Zubereitungszeit: 25 Minuten

Kochzeit: 12 Minuten

Portionieren: 12

ZUTATEN

- 1 Ei
- 2 Tassen Pekannüsse, gemahlen
- ¼ Tasse Süßstoff
- ½ Teelöffel Backpulver
- 1 Esslöffel Butter
- 20 Pekannusshälften

ANWEISUNG

1. Heizen Sie den Ofen auf 350 F vor. Mischen Sie die Zutaten, außer den Pekannusshälften, bis sie sich vermischen.
2. Formen Sie 20 Kugeln aus der Masse und drücken Sie sie mit dem Daumen auf ein ausgekleidetes Keksblech.
3. Belegen Sie jeden Keks mit einer Pekannusshälfte. Etwa 12 Minuten lang backen.

ERNÄHRUNG: Pro Portion Kalorien 101, Netto-Kohlenhydrate 0,6 g, Fett 11 g, Eiweiß 1,6 g

Mokka-Eisbomben

Zubereitungszeit: 2 Stunden

Kochzeit: 10 Minuten

Portionieren: 4

ZUTATEN

- ½ Pfund Frischkäse
- 4 Esslöffel Süßstoff, pulverisiert
- 2 Unzen starker Kaffee
- 2 Esslöffel Kakaopulver, ungesüßt
- 1 Unze Kakaobutter, geschmolzen
- 2 ½ Unzen dunkle Schokolade, geschmolzen

ANWEISUNG

1. Kombinieren Sie Frischkäse, Süßstoff, Kaffee und Kakaopulver in einer Küchenmaschine.
2. Rollen Sie 2 Esslöffel der Mischung und legen Sie sie auf ein ausgekleidetes Blech.
3. Kakaobutter und Schokolade mischen und die Bomben damit bestreichen. Für 2 Stunden einfrieren.

ERNÄHRUNG: Pro Portion Kalorien 127, Netto-Kohlenhydrate 1,4 g, Fett 13 g, Eiweiß 1,9 g

Zartbitterschokolade-Mandel-Rinde

Zubereitungszeit: 1 Stunde

Kochzeit: 15 Minuten

Portionieren: 12

ZUTATEN

- ½ Tasse Mandeln
- ½ Tasse Kokosnussbutter
- 10 Tropfen Stevia
- ¼ Teelöffel Salz
- ½ Tasse Kokosnussflocken, ungesüßt
- 4 Unzen dunkle Schokolade

ANWEISUNG

1. Heizen Sie den Ofen auf 350 F vor.
2. Geben Sie die Mandeln auf ein Backblech und rösten Sie sie 5 Minuten lang.
3. Schmelzen Sie die Butter und die Schokolade zusammen. Stevia einrühren.
4. Legen Sie ein Plätzchenblech mit Wachspapier aus und verteilen Sie die Schokolade gleichmäßig.
5. Streuen Sie die Mandeln darüber und bestreuen Sie sie mit Salz.
6. Eine Stunde lang gekühlt.

ERNÄHRUNG: Pro Portion Kalorien 161, Netto-Kohlenhydrate 2g, Fett 15,3g, Protein 2g

DER 30-TAGE-DIÄT-MAHLZEITENPLAN

DAY	FRÜHSTÜCK	MITTAGESSEN	DINNER
1	Buchweizenspaghetti mit Hühnerkohl und pikanten Rezepten in Massensoße	Blumenkohl-Kokosnuss-Reis	Hähnchen Quesadilla
2	Asiatisch König Jumped Jamp	Gebratene Okra	Knoblauch-Parmesan-Hähnchenflügel
3	Buchweizen-Nudelsalat	Spargelpüree	Hähnchenspieße mit Erdnusssoße
4	Griechische Salatspieße	Gebackener Spargel	Geschmorte Hähnchenschenkel mit Kalamata-Oliven
5	Grünkohl, Edamame und Tofu-Curry	Spinat mit Kokosnussmilch	Butteriges Knoblauch-Huhn
6	Schokoladen-Cupcakes mit Matcha-Glasur	Leckere Krautsteaks	Cheesy Speck und Brokkoli Huhn
7	Sesam-Huhn-Salat	Knoblauch-Zucchini-Kürbis	Gebackenes Huhn mit Parmesan
8	Speck Vorspeisen	Tomate-Avocado-Gurken-Salat	Ei-Butter
9	Antipasti-Spieße	Kraut-Kokosnuss-Salat	Geschreddertes Hähnchen in einem Salat-Wrap
10	Jalapeno Poppers	Asiatischer Gurkensalat	Cidre-Huhn
11	Spinat-Frikadellen	Mexikanischer Blumenkohl-Reis	Hähnchen im Speckmantel
12	Grünkohl-Chips	Rübensalat	Käsiges Huhn im Speckmantel

13	Speck, Mozzarella & Avocado	Rosenkohlsalat	Bohnen und Würstchen
14	Keto-Käse-Chips	Tomate-Aubergine-Spinat-Salat	Paprika geriebenes Huhn
15	Rindfleisch & Brokkoli	Traditionelle Gambas al Ajillo	Teriyaki-Huhn
16	BLT-Salat	Fisch-Masala nach Restaurant-Art	Chili-Limetten-Hähnchen mit Krautsalat
17	Gegrillter Halloumi-Käse mit Eiern	Sardellen mit Caesar-Dressing	Spicy Habanero und Rinderhackfleisch Abendessen
18	Cremiger Grünkohlsalat	Fisch- und Eiersalat	Fleischbällchen mit gerösteter Paprika und Manchego
19	Quinoa-Salat mit frischer Minze und Petersilie	Italienische Schellfischfilets mit Marinara-Soße	Die besten Sloppy Joes aller Zeiten
20	Räucherlachs und Frischkäse-Roll-ups	Schwertfisch mit griechischer Sauce	Gegrilltes Rib Eye Steak
21	Rosenkohl mit Speck	Kabeljaufilets mit Sesamsoße	Rinderwurst mit Mayo-Sauce
22	Gegrillte mediterrane Gemüsesorten	Favorit Seeteufel Salat	Fingerleckend gutes Rinderbrustfilet
23	Speck und wilde Pilze	Omelett mit Tilapia und Ziegenkäse	Winterlicher Guinness-Rindfleisch-Eintopf
24	Gewürzte Jalapeno-Bissen mit Tomate	Kabeljau mit Senfgrün	Griechischer Hackbraten im Prosciutto-Mantel
25	Rahmspinat	Keto Tacos mit Anchovis	Kalter Rindfleischsalat nach griechischer Art
26	Tempura Zucchini mit Frischkäse-Dip	Gegrillter Fischsalat	Im Ofen gebratenes Rib-Eye-Steak

27	Spieße mit Speck und Feta	Makrelenfilets mit Knoblauchgeschmack	Gefüllte Tomaten mit Cotija-Käse
28	Avocado und Prosciutto Deviled Eggs	Fisherman's Tilapia-Burger	Spicy Habanero und Rinderhackfleisch Abendessen
29	Chili-Limetten-Thunfisch-Salat	Traditionelle Gambas al Ajillo	Butternusskürbis und Blumenkohl-Eintopf
30	Hähnchen-Club-Salattraps	Hähnchen-Basilikum Alfredo mit Shirataki-Nudeln	Gewürzte Portobello-Pilze

SCHLUSSFOLGERUNG

Die Keto-Diät ist schwierig zu erreichen. Sie müssen sich an den täglichen Verzehr von 80 % Fett und 20 % Eiweiß halten, mit sehr wenig Kohlenhydraten. Es ist wichtig, dass Sie sich Ihre eigenen Ziele setzen und sich gleichzeitig nicht von Verlockungen ablenken lassen. Bei einer Gewichtsabnahme reicht die in der Anfangsphase verlorene überschüssige Flüssigkeitsmenge für eine lange Zeit aus.

Sie müssen Wasser trinken, bevor Sie Ihre Mahlzeit beginnen, damit Ihr Hunger unterdrückt werden kann. Darüber hinaus ist es wichtig, dass Sie auf die Art der Nahrung achten, die Sie täglich zu sich nehmen. Dadurch wird sichergestellt, dass sich Ihr Körper richtig an die Diät anpasst und Sie in der Lage sind, die maximalen Vorteile der Diät zu ernten, ohne belastet zu werden.

Die Keto-Diät erfüllt ihren Zweck, weil sie gesund ist. Es ist auch sehr einfach, die Diät zu befolgen, weil Menschen, die fettleibig oder übergewichtig sind, sie leicht umsetzen können. Es erfordert keine Art von Übung, außer für das Gehen, da es eine sehr niedrige Energie Diät ist. Es ist auch eine sehr gesunde und einfache Art, Gewicht zu verlieren. Allerdings müssen Sie die Diät streng zu allen Zeiten folgen und Sie sollten nicht davon abweichen.

Die ketogene Diät (Ketogenic aka Keto) ist einfach eine Diät, die zu 75 Prozent oder mehr aus Fett besteht. Allerdings müssen Sie darauf achten, dass die Kohlenhydratzufuhr extrem niedrig gehalten werden sollte, sogar vernachlässigbar. Normalerweise wird empfohlen, 60 g Eiweiß und 20 g Fett in die Diät einzubeziehen.

Die Keto-Diät ist auch als Low-Carb-Diät bekannt. Es ist etwas, das eine Menge Popularität unter fettleibigen Menschen gewonnen hat. Sie wurde von Dr. Robert Atkins entwickelt und kann als eine der effektivsten Methoden zur Gewichtsabnahme angesehen werden. Es ist anzumerken, dass diese Diät keinerlei negative Auswirkungen auf den Körper oder die Gesundheit hat, stattdessen hat sie große und effektive Vorteile. Es handelt sich um eine sehr gesunde Diät, da Sie erstaunliche Mengen an Fett zu sich nehmen müssen. Daher wird der Stoffwechsel angekurbelt und Sie werden in der Lage sein, Fett ohne jede Schwierigkeit zu verlieren.

Sie können auch eine Prise Zimt oben auf Ihr Eis geben, um es schmackhafter zu machen. Sie müssen etwa 60 % Fette und 40 % Eiweiß als tägliche Portion verzehren, während Sie diesem Diätplan folgen. Es ist auch wichtig, dass Sie bei dieser Diät mehr Gemüse essen sollten. Sie werden es schwierig finden, diesem Diätplan zu folgen. Er ist nicht mit anderen regulären Diäten vergleichbar und Sie werden es schwierig finden, sich an die täglichen Portionen zu halten. Um sicherzustellen, dass Sie während dieser Diät genügend Fett zu sich nehmen, konzentriert sich die ketogene Diät auf den Verzehr von gesunden und natürlichen Fetten. Sie können diese Fette aus bestimmten Nüssen und Lebensmitteln, die reich an Ölen sind, erhalten.

Die Keto-Diät ist sehr vorteilhaft, wenn es um die Gewichtsabnahme geht. Der Hauptgrund für diesen Vorteil ist, dass sie sich auf den Konsum von gesunden und natürlichen Fetten konzentriert, die nachweislich enorme gesundheitliche Vorteile haben. Sie erfordert nicht, dass Sie Stunden im Fitnessstudio verbringen oder anfangen zu trainieren, um Gewicht zu verlieren. Es wird nur ein paar Wochen dauern, bis Ihr Körper sich angepasst hat und dann werden Sie anfangen, großartige Ergebnisse von der Diät zu sehen.

Mit diesem Diätplan können Sie ohne Schwierigkeiten abnehmen. Bei dieser Diät müssen Sie sich auf den Verzehr von gesunden Fetten konzentrieren. Sie werden 70 % der Kalorien aus Fett und 20 % aus Eiweiß benötigen. Diese Makros sollten von Tag zu Tag variiert werden, wie Sie mehr Fette am Morgen benötigen, aber Sie sollten weniger Prozentsatz von Fetten am Abend halten, wenn Sie es verbrauchen.

Sie sollten wissen, dass es weitere Vorteile gibt, die mit einem Keto-Diätplan verbunden sind. Einige Leute betrachten es als eine sehr beliebte Diät aufgrund seiner Wirksamkeit und erfordert nur wenige Tage zu folgen. Die Diät ist sehr einfach zu befolgen und verlangt von Ihnen nicht, irgendeine Art von Übung zu machen. Es wird für Sie notwendig sein, um etwa 2g Kohlenhydrate in einem Tag zu verbrauchen. Diese Diät ist auch für seine große Auswirkungen auf die Verbesserung Ihrer neurologischen Gesundheit bekannt.

Wenn Sie übergewichtig oder fettleibig sind, dann ist es empfehlenswert, dass Sie mit der ketogenen Diät beginnen sollten. Es ist eine sehr gesunde und einfach zu befolgende Diät, die von allen Menschen auf der Welt ohne Schwierigkeiten befolgt werden kann. Wenn Sie sich nicht sicher sind, was genau in einer Keto-Diät enthalten sein kann, dann ist es wichtig, dass Sie Online-Artikel darüber lesen, wie Sie diesen Diätplan leicht und ohne Schwierigkeiten befolgen können.

Sie müssen eine kohlenhydratarme Diät einhalten, um Ihr Gewicht zu reduzieren. Sie müssen sich kohlenhydratarm und proteinreich ernähren, um schneller Gewicht zu verlieren. Sie müssen verstehen, dass die Aufnahme von Fett sehr wichtig ist, während Sie einem solchen Diätplan folgen. Ihr Körper wird in der Lage sein, gesund zu bleiben, während Sie auf einem solchen Diätplan sind. Es ist auch sehr wichtig, dass Sie Ihre Kohlenhydrataufnahme jederzeit im Auge behalten, damit Sie die gewünschten Ergebnisse mit diesem Diätplan erzielen können.

Lightning Source UK Ltd.
Milton Keynes UK
UKHW020939260221
379431UK00001B/45